원서발췌
해석학의 탄생

고전 명작을 읽는 가장 쉬운 길,
'지식을만드는지식 원서발췌'

축약, 해설, 리라이팅이 아닙니다. 원전의 핵심 내용을 문장 그대로 가져옵니다. 작품의 오리지낼리티를 가감 없이 느낄 수 있습니다.
두껍고 읽기 어려워 책장을 덮어 버리곤 했던 고전을 발췌합니다. 해당 작품을 연구한 전문가가 작품의 정수를 가려 뽑아냅니다. 핵심만 읽기 때문에 더 빠르게 더 많은 고전을 읽을 수 있습니다. 제외된 부분은 중간중간 친절하게 요약 설명합니다. 풍부한 해설과 주석으로 전체 내용을 파악하는 데 무리가 없습니다. 정확한 번역, 적절한 윤문으로 10대에서 80대까지 누구나 쉽게 읽을 수 있습니다. 콤팩트한 사이즈와 분량이므로 간편하게 휴대할 수 있습니다. 수천 쪽의 고전을 발췌된 내용으로 읽고도 전체 의미를 파악할 수 있는 것이 지식을만드는지식 원서발췌의 매직입니다. 발췌율은 표지에 표시하고 발췌 방법은 일러두기에 상세히 밝힙니다.
고전 독자를 발췌 읽기에서 완역 읽기로, 더 나아가 원전 읽기로 안내합니다. 바쁜 현대인들에게 새로운 고전읽기 방법을 제시합니다.

원서발췌
해석학의 탄생

Die Entstehung der Hermeneutik

빌헬름 딜타이(Wilhelm Dilthey) 지음
손승남 옮김

대한민국, 서울, 지식을만드는지식, 2025

편집자 일러두기

- 이 책은 빌헬름 딜타이(Wilhelm Dilthey)의 《전집(Gesammelte Schriften)》 제V권 《삶의 철학 입문(Einleitung in die Philosophie des Lebens)》 제1부 〈정신과학의 정초에 관한 논문집(Abhandlungen der Grundlegung der Geisteswissenschaften)〉(Stuttgart: B. G. Teubner; Goettingen: Vandenoeck & Ruprecht, 1957; 1961) 중 〈해석학의 탄생(Die Entstehung der Hermeneutik)〉(1900)과 마르틴 레데커(Martin Redecker)가 간행한 그의 《전집(Gesammelte Schriften)》 제XIV권 《슐라이어마허의 삶(Leben Schleiermachers)》 제2부 〈철학과 신학으로서 슐라이어마허의 체계(Schleiermachers System als Philosophie und Theologie)〉(Goettingen: Vandenoeck & Ruprecht, 1966) 중 〈일반 해석학(Allgemeine Hermeneutik)〉에 해당되는 691～726쪽을 번역한 것입니다.
  원전에 대한 번역본의 발췌 비율은 약 4.3%입니다.
- 〈해석학의 탄생〉의 주는 옮긴이가 독자의 이해를 돕기 위하여 상술한 것이고, 〈일반 해석학〉의 주는 원저의 편집자가 제시한 주를 그대로 번역한 것입니다.
- 원문에서 이탤릭체로 제시된 부분은 번역문에서도 이탤릭체로 하였고, 원문에서 자간을 띄어 강조한 부분은

굵은 글씨체를 사용하였습니다.

- 본문의 차례는 옮긴이가 독자를 위하여 재구성한 것임을 밝힙니다. 제1부의 소제목은 원전의 내용에 비추어 옮긴이가 붙인 것이며, 제2부와 제3부의 순서는 원전과 같으나 번호의 체계를 달리하였습니다.
- 외래어 표기는 현행 한글어문규정의 외래어표기법을 따랐습니다.
- 이 책은 2008년 2월 15일 한정판 '고전천줄' 시리즈로 처음 출간했습니다. 2011년 10월 31일 표지를 바꿔 '천줄읽기' 시리즈로 다시 출간했다가 이번에 '원서발췌' 시리즈로 옮겨 출간합니다.

차례

제1부
해석학의 탄생 및 보론(補論)

제2부
해석학 탄생 이후의 슐라이어마허 해석학

제3부
이전 해석학 체계와의 관련 속에서 슐라이어마허 해석학의 비교 서술

제1부
해석학의 탄생 및 보론(補論)

1. 해석학의 탄생

1) 해석학이란 무엇인가?

나는 이전의 논문에서 예술, 특히 시를 통해 창조되는 인간 세계의 개성화 문제를 언급하였다. 이제 우리는 개별 인간의 **학문적** 인식에 대한 물음에 직면하게 된다. 즉 개별적인 인간 존재를 학문적으로 담아낼 위대한 형식에 관하여 묻게 되는 것이다. 그러한 학문적 인식은 가능한가? 그리고 그러한 인식에 도달하기 위하여 우리는 어떤 수단을 가지고 있는가?

이것은 대단한 의미를 지니는 물음이 아닐 수 없다. 인간의 행위는 항상 타인의 이해를 전제로 한다. 인간 행복의 대부분은 낯선 영혼 상태를 추체험하는 데서 나온다. 문헌학과 역사학은 모두 개별적인 것에 대한 추체험을 객관성의 수준으로 끌어올릴 수 있는 전제 조건을 기반으로 삼고 있다. 이러한 전제 조건을 기반으로 삼고 있는 역사의식은 현대인으로 하여금 인류의 모든 과거를 자기 안에서 현재화할 수 있게 해준다. 그는 자기가 살고 있는 시대의 모든 제약을 넘어 과거 문화를 볼 수 있다. 그러한 통찰력을 자기 내면 속으로 끌어들여 마술을 부리게 되며, 이

때 무한한 기쁨이 샘솟는다. 체계적인 정신과학이 개별적인 것의 객관적 파악으로부터 일반적인 법칙과 포괄적인 연관 관계를 이끌어낼 수 있다면 이해와 해석 과정 또한 체계적인 정신과학의 기초로 남게 된다. 그러므로 이러한 학문의 확실성은, 역사가 그렇게 하는 것과 마찬가지로, 개별적인 것의 이해를 **보편타당한 수준**으로 끌어올릴 수 있느냐의 여부에 달려 있다. 이제 우리는 정신과학의 문턱에서 모든 자연 인식과 정신과학을 구별하는 데서 파생되는 문제에 직면하게 된다.

정신과학 또한 무엇보다도 자연 인식을 전제로 하고 있다. 정신과학의 대상은 감각 안에 주어진 현상이나 의식 내부의 실재(實在)를 단순히 반영한 것이 아니다. 오히려 그것은 내적으로 체험된 연관의 형태로 내적 사실 그 자체 안에 직접적으로 녹아들어 있다. 이러한 실재가 내적 경험 안에 직접적으로 주어져 있기 때문에 우리는 그것을 객관적으로 파악하는 데 적지 않은 어려움을 겪게 된다. 그 어려움을 여기서 설명할 필요는 없을 것이다. 더구나 내 자신의 고유한 상태를 간직하고 있는 내적 경험을 그 자체로서 내 자신의 고유한 개성으로 의식할 수는 없다. 내 자신을 타자와 비교할 때 비로소 개별적인 것을 내 안에서 경험하게 된다. 내 자신의 현존과 다른 모습을 타인에게서 의식하게 되는 것이다. 괴테는 인간의 모든 경험 가운데 가장 중요한 경험을 하기가 점차 어려워지고 있으며, 인간 능력의 정도, 본질, 한계에 관한 통찰이 갈수록 불완전하다고 본 점에서 매우 정당하다. 하지만 낯선 현존재는 우선 감각적 사실, 즉 밖으로 나타나는 몸짓, 음성, 행위로만 주어져 있다. 개별적 기호는 감각으로 받아들인 것을 재구성하는 과정을 통해서 비로소 내적인 것을 보완한다. 모든 것, 즉 이러한 보완의 질료, 구조, 가장 개별적인 특성들을 우리는 고유한 생동감으로부터 해독하지 않으면 안 된다. 이제 개별적으로 형성된 의식이 모방(Nachbildung)을 통하여 어떻게 낯설고 전혀 다른 성질을 지닌 개성을 객관적으로 인식할 수 있는가? 인식의 다른 과제들 사이에서 언뜻 보기에 낯설게 나타나는 과정은 도대체 무엇인가?

외부에서 감각적으로 주어진 기호로부터 내적인 것을 인식하는 과정을 우리는 **이해**라고 부른다. 이것은 언어적 표현이며, 우리가 전적으로 필요로 하는 하나의 굳건한 심리학 용어로서 이해는 이미 확실하게 표현된, 명확히 활용이 가능하도록 한계가 설정된 모든 표현을 모든 저술가들이 동일하게 파악할 때만이 성립 가능하다. 자연의 이해는 하나의 회화적(繪畵的) 표현이다. 하지만 우리는 다만 비본래적 의미에서 고유한 상태 파악을 이해라고 부른다. 물론 우리는 "내가 어떻게 그렇게 행동할 수 있었는지 이해가 가지 않아, 나도 내 자신을 더 이상 이해할 수 없어"와 같이 말하기도 한다. 이로써 내가 의도하고자 하는 바는 감각 세계로 떨어져 나온 내 존재의 표현은 낯선 것의 표현과 마찬가지로 나와 맞서게 되어, 그 자체를 해석할 수 없거나, 다른 경우에는 타자를 응시하는 것과 같은 상태로 빠지게 된다. 이런 이유로 우리는 이해를 감각적으로 주어진 기호로부터 그 표현이 곧 감각적 기호인 심리적인 것을 인식하는 과정으로 본다.

이러한 이해는 어린아이의 옹알거림을 파악하는 것에서부터 '햄릿'이나 '이성 비판'을 이해하는 데까지 이른다. 거석들, 대리석, 음악적으로 채색된 음색, 몸짓, 단어, 문자, 행위들, 경제 규정이나 헌법과 같은 다양한 형태로 인간의 정신은 우리에게 말을 걸어오며, 해석을 필요로 한다. 이해의 과정은, 그것이 인식 방법의 공통적인 조건과 수단을 통하여 규정되는 한, 공통적인 특징을 갖는다. 이해의 과정은 이러한 기본 원리 내에서 동일하다. 만일 내가 레오나르도 다빈치를 이해하려고 한다면, 이 과정에서, 즉 그것도 동질의 통일적인 과정에서 행위, 회화, 그림과 문학 작품들의 해석이 함께 작용한다.

이해는 다양한 수준을 보여준다. 이 수준은 우선 관심 여하에 달려 있다. 관심이 한정되어 있으면, 이해 또한 한정되기 마련이다. 얼마나 많은 논쟁을 우리는 참을성 없이 듣는지 보자. 우리는 화자(話者)의 내적인 삶에 관심을 두지 않고 논쟁에서 우리에게 실제적으로 중요한 핵심만을 찾아낸다. 그와 반대로 우리는 다른 경우에 얼굴 표정과 단어 하나하나에 주목하면서 애써 화자(話者)의 내면으로 들어가지 않으면 안 된다. 삶의 외화(外化)가 고정이 되어 우리가 언제라도 다시 그곳으로 되돌아갈 수 있을 때 우리가 기울인 주의는 예술적인 과정이 되어, 결국 그 안에서 통제 가능한 정도의 객관성을 획득할 수 있게 된다. **지속적으로 고정된 삶의 외화에 대한 예술적 이해를 우리는 해석 혹은 이해라고 부른다.** 이런 의미에서 그 대상이 건축물 혹은 회화인 해석 기술이 존재하며, 볼프(Wolf)[1]는 이미 고고학적 해석과 비판을 주장하였다. 벨커

1) 볼프(Friedrich August Wolf, 1759~1824): 독일 고대 문헌학자이자 고대학자. 1783년 이후 할레 대학 철학 및 교육학 교수. 1807년 베를린 학술원 회원으로 임명됨. 빌헬름 폰 훔볼트, 괴테, 실러로 특징지어지는 신인문주의의 정신을 바탕으로 고대학 연구에 심혈을 기울임. 그에 따르면 학교 교육에서도 고전 문헌학은 중요한 역할을 차지해야 하며, 조화로운 인간 교육에서 필수적인 요소임을 역설함. 대표작으로는《호머 연구(*Prolegomena ad Homerum*)》(1795)가 있음.

(Welcker)[2]도 그러한 해석학에 동의하였고, 프렐러(Preller)[3]는 그러한 해석학을 실천에 옮기고자 하였다. 그렇지만 프렐러는 말없는 작품의 해석은 어디서나 문헌의 설명에 의존한다는 점을 강조하고 있다.

정신적 삶과 역사의 이해에서 문헌이 얼마나 중요한지에 관해서는 언어 안에서만 오직 인간의 내면이 가장 안전하며, 완전히 객관적으로 이해 가능한 표현을 발견할 수 있다는 점에서 알 수 있다. 그러므로 이해 기술의 핵심은 **문헌 속에 포함된 인간 존재의 잔영(殘影)에 대한 해석과 이해**이다.

해석, 그리고 해석과 밀접한 관계가 있는 삶의 잔영을 비판적으로 처리하는 문제는 문헌학의 출발점이었다. 문

---

2) 벨커(Friedrich Gottlieb Welcker, 1784~1868): 계몽기 독일의 문헌학자. 빌헬름 폰 훔볼트의 동학이자 친구로서 독일의 기센 대학에 고대 문헌학 세미나를 창설하여 김나지움 교육의 핵심으로 삼게 한 인물임. 본(Bonn) 대학의 도서관을 창설하였고, 대표작으로는 《그리스 신화 3권(*Griechische Götterlehre, 3 Bd.*)》(1857~1862)이 있음.

3) 프렐러(Ludwig Preller, 1809~1861): 독일의 고대 문헌학자이자 고대학 연구가. 바이마르 도서관 창설에 기여하였으며, 고대사와 고전 고대학에 조예가 깊었던 인물로 《그리스 신화 2권(*Griechische Mythologie, 2 Bd.*)》(1854)과 《로마 신화(*Römische Mythologie*)》(1858)가 있음.

헌학의 핵심은 **개인적 기술과 문헌 속에 포함된 것을 다루는 능수능란함**에 있다. 그리고 이러한 기술과 그 결과들의 연결을 통해서만 비문(碑文)과 역사적으로 전승된 행위들의 또 다른 해석이 발전할 수 있다. 역사 안에서 행위하는 인간의 동인(動因)에 대하여 우리는 혼란을 일으킬 수 있다. 행위하는 인간 자신은 자신에 대한 그릇된 빛을 널리 퍼뜨릴 수 있다. 하지만 위대한 시인이나 발명가의 작품, 종교적 천재나 진실한 철학자의 작품은 항상 정신적 삶의 참된 표현일 가능성이 높다. 거짓으로 가득한 인간 사회에서 그러한 작품은 항상 참이며, 그 어떤 다른 표현과도 달리 고정된 기호 그 자체만으로 완전하고, 객관적인 이해가 가능하다. 그 작품은 한 시대의 다른 예술적 유품(遺品)과 동시대인들의 역사적 행위에 대해 빛을 던져준다.

이해의 기술은, 실험에서의 자연 탐구 기술이 그랬던 것처럼, 점진적이면서 규칙적으로, 그리고 서서히 발전을 거듭해 왔다. 이해의 기술이 탄생하였고, 그 기술은 문헌학자의 개인적이면서 천재적인 탁월성을 통해서 유지된다. 이해의 기술은 자연히 먼저 해석의 거장이나 작품과의 개인적 접촉으로부터 다른 것으로 전이된다. 하지만 그러한 기술은 규칙에 따라 실행된다. 이러한 규칙 덕분에 우리는 난점을 피할 수 있다. 그 규칙은 개인적 기술의 성과를 전승한 것이다. 따라서 일찍이 해석의 기술로부터 규칙의 세목이 형성되었다. 이러한 규칙에 대한 논쟁, 중요한 작품 해석에 대한 다양한 입장 간의 논쟁, 그러한 상황에서 규칙을 근거 지우려는 요구로부터 해석학적 학문이 탄생하였다. **해석학은 문서로 기록된 유품에 대한 해석의 기술이다.**

이러한 해석학은 이해의 분석에서 보편타당한 해석 가능성을 규정해 나감으로써 종국에는 **아주 일반적인 문제**의 해결에까지 이르게 된다. 이러한 일반적인 문제가 부각되는 과정은 다음과 같다. 즉 내적인 경험의 분석과 함께 이해의 분석이 시작되며, 심리적 사실이 근원적으로 우리에게 존재한다는 조건하에서 이 둘은 서로 정신과학에 대해 보편타당한 인식의 **가능성과 한계**를 입증해 준다.

나는 이제 해석학 역사에서 이러한 규칙이 어떻게 설정되어 왔는지를 입증하고자 한다. 심오하고 보편타당한 이해의 욕구로부터 어떻게 문헌학적 탁월성이 생기게 되었는지, 또 이것으로부터 어떻게 하나의 목적 아래 규칙 부여, 규칙의 질서가 생겨났는지, 주어진 시대의 학문적 위치를 통하여 어떤 것이 더 잘 면밀히 규정될 수 있는지, 그리고 마지막으로 이해의 분석에서 규칙 부여를 위한 안전한 출발점이 발견될 수 있는지를 보여주고자 한다.

2) 고대 그리스와 알렉산드리아 학파의 문헌학

시인의 기술적인 해석은 그리스 시대의 수업의 필요성에서 제기되었다. 호머와 다른 시인들에게 해석과 비판을 가하는 정신적으로 풍부한 놀이는 그리스 계몽기에는 그리스어가 통용되는 곳이면 어디서나 사랑을 받았다. 좀 더 굳건한 기초가 세워진 것은 소피스트와 수사학교에서 이러한 해석이 수사학과 조우를 하면서부터이다. 왜냐하면 수사학 안에는, 말을 잘 구사하는 데 적용될, 문필가적 구상에 관한 더 일반적인 가르침이 숨겨져 있었기 때문이다. 위대한 분류학자이며 유기적 세계, 국가, 문학적 저작의 분석가인 아리스토텔레스(Aristoteles)는 자신의 수사학에서 문학적 작품 전체를 각각의 부분으로 쪼개고, 문체의 형식을 구분하고, 리듬, 종합문, 은유의 작용을 인식하는 법을 가르쳤다. 알렉산더(Alexander)를 위한 수사학에서는 더 용이하게 말의 작용 요소들에 관한 개념 규정들, 가령 범례, 생략된 삼단논법, 문장, 역설, 은유, 반명제와 같은 규정들이 나열되어 있다. 그리고 아리스토텔레스의 시학은 아주 명확하게 시의 본질이나 목적 규정, 그 종류에서 도출될 수 있는 내적 및 외적 형식과 그 작용 요소들을 시학의 대상으로 삼았다.

이해의 기술과 규칙부여가 또 한번 중요한 도약을 한 것은 알렉산드리아 문헌학을 통해서이다. 그리스의 문학적 유산들이 도서관에 수집되었고, 서평이 생겨났다. 비판적 기초에 의한 기술 체계를 통하여 그리스 유산에 대한 비판적 작업의 결과가 기록되었다. 정본이 아닌 문헌들은 제외되었고, 남아 있는 모든 서적의 실제 목록이 작성되었다. 엄밀한 언어 이해를 바탕으로 서평, 고도의 비판, 해석, 가치 규정의 기술로 정립된 문헌학이 이제 생겨나게 되었다. 문헌학은 그리스 정신의 최후이자 가장 고유한 창조물의 하나가 되었다. 호머 이래 그리스 정신을 움직인 가장 강력한 동인(動因)은 인간의 언어에 대한 즐거움이었다. 위대한 알렉산더의 문헌학자들은 자신의 독창적 기술 안에 내재해 있는 규칙들을 이미 의식하기 시작했다. 아리스토텔레스 또한 마찬가지로 의식적으로 원칙에 따라 호머의 언어 사용을 규정하고, 엄밀하면서도 포괄적으로 이를 규정하면서 그 바탕 위에 설명과 텍스트 규칙을 설정하고자 하였다. 히파르크(Hipparch)는 아라토(Arato) 현상에 대하여 원전을 제시하고, 그것으로부터 시를 해석함으로써, 좀 더 의식적으로 문학적－역사적 고찰을 함으로써 사물 해석학을 정립하였다. 헤시오도스

(Hesiodos)[4]의 전승된 시 가운데 가짜가 발견되고, 호머의 서사시에는 많은 구절이 누락되어 있으며, 〈일리아드〉의 마지막 노래와 〈일리아드〉의 마지막 바로 앞부분과 〈오디세이〉의 가장 마지막 노래가 누락된 것으로 판명되었다. 이러한 설명은 오직 유추의 원리를 탁월하게 다룰 수 있는 능력에서 가능해진 것이다. 그와 동시에 그 원리에 따라 시의 언어 사용, 사고의 범위, 내적 통일성, 예술적 가치에 대한 규칙이 확립되었고, 그 원리와 모순되는 부분은 제외되었다. 제노도토스(Zenodotos)[5]와 아리스타르코스(Aristarchos)[6]의 경우 윤리적-예술적인 규칙

---

4) 헤시오도스(Hesiodos, ?~?): 고대 그리스의 서사시인. 종교적, 교훈적, 실용적인 특징의 '보이오티아파' 서사시를 대표하며 호머와는 다른 특징을 보임. 《노동과 나날》은 목가적 서술이 뛰어난 작품으로 노동과 농경 기술의 신성함을 찬양한 노래임. 대표작으로 볼 수 있는《신통기》 1022행은 천지의 창조, 신들의 탄생을 매우 소박한 세계관에 입각하여 계통적으로 서술한 작품으로 그의 독창적인 사색이 돋보이는 작품임.

5) 제노도토스(Zenodotos von Ephesos, BC 323?~BC 260?): 그리스 시대의 문헌학자. 알렉산드리아 도서관의 초대 관장을 역임하면서 고대 문헌의 수집에 공헌함. 해석학적으로는 텍스트 비판의 창시자로 간주되며, 호머의 다양한 텍스트를 비판하고 호머에 관한 사전을 편찬하였음. 호머 외에도 그는 헤시오도스, 핀다로스, 아나크레온의 시에 대한 작업을 하였음.

적용은 분명 아테테센(Atethesen)의 다음과 같은 근거 설정 방식에서 나온 것이다: "어떤 것이 주님(신)의 무게에 걸맞지 않게 보인다면(si, quid heroumvel deorum gravitatem minus decere videbatur)." 여기서 아리스타르코스는 상당 부분 아리스토텔레스에 의존하고 있다.

해석의 올바른 방법에 대한 방법적 의식은 알렉산드리아 학파의 양피지 문헌학에 대한 대립을 통하여 더욱 강화되었다. 세계사적 의미를 담고 있는 해석학적 입장들 간의 대립! 왜냐하면 기독신학 내부에서 그 대립은 새로운 양상으로 나타났고, 시인과 종교 문필가에 대한 두 개의 커다란 역사적 견해가 그 대립으로 인해 생겨났기 때문이다. 말로스(Mallos)의 크라테스(Krates)[7]는 스토아학파로부터 삼단논법의 해석 원리를 양피지 문헌학에 도입하였

---

6) 아리스타르코스(Aristarchos von Samothrake, BC 217~BC 145): 그리스의 유명한 문헌학자이자 알렉산드리아 도서관 관장을 역임함. 주로 문법을 다루면서 텍스트 비판을 하였음. 비판의 기준을 호머의 작품에서 찾았고, 나중에 아폴로도로스와 디오니시오스 등에 영향을 줌.

7) 크라테스(Krates von Mallos, BC 167~BC 145): 그리스의 철학자이자 기원적 2세기경의 문법학자. 스토아학파의 대표자이기도 하였던 그는 언어의 문법적 관점과 호머의 해석에서 아리스타르코스와는 다른 입장을 취하였음. 그의 대표작은 호머 시에 대한 비판적 해석을 담고 있음.

다. 이러한 해석 방법이 오랫동안 힘을 갖게 된 것은 종교적 원문과 널리 울려 퍼진 세계관 사이의 모순을 바로잡을 수 있었기 때문이다. 이러한 이유로 베다, 호머, 성서, 코란의 해석자 누구에게나 이 해석 방법은 필수적인 것이 되었다. 즉 한갓 쓸모없는 기술이 아니라 절대적으로 필요한 기술이 된 것이다. 이 방법의 기저에는 동시에 시적, 종교적 생산성에 대한 깊은 통찰이 자리하고 있었다. 호머는 예언자이며, 호머 내부의 깊은 통찰과 감각적으로 약간 거친 상념들 간의 모순은 후자를 단지 시적 묘사 수단으로 파악할 때만이 설명될 수 있다. 하지만 이 관계를 그림 내부에 들어 있는 기적(氣的)인 의미를 의도적으로 보호하는 것으로 이해함으로써 삼단논법식의 해석이 생겨나게 되었다.

3) 성서 해석을 둘러싼 논쟁들

만일 내가 착각하는 것이 아니라면, 이러한 대립은 단지 변화된 조건하에서 알렉산드리아 신학파와 안티오크 신학파 간의 투쟁으로 재현된다. 그들의 공통 기반은 물론 예언과 구약 및 신약의 실현 사이에 내적 연관이 존재한다는 것이었다. 즉 그들은 공통적으로 예언과 신약의 선지자 활용을 통한 내적 연관을 필요로 하였다. 기독교회가 이러한 전제하에서 출발함으로써 성서 해석과 관련하여 반대자들과 복잡한 상황에 빠지게 되었다. 유대인에 대하여 기독교회는 로고스 신학을 구약에 삽입하기 위하여 삼단논법식 해석을 필요로 하였다. 그노시스파[8]에 대하여 기독교회는 그와는 반대로 삼단논법의 지나친 적용을 삼가지 않으면 안 되었다. 필론(Philon)[9]의 흔적을 따라 유스틴(Justin)[10]과 이레네우스(Irenaeus)[11]는 삼단논

---

8) 그노시스파(Gnosticism, 靈知派): 그리스 헬레니즘 시대에 유행했던 종파의 하나로 기독교와 다양한 지역(그리스와 이집트 등)의 유대교, 동방 종교, 점성학 등을 융합한 종파의 하나임. 정통 기독교와 이원론, 구원 등의 문제에서 차이를 보여 이단이라 비난받아 3세기경 쇠퇴했으나 그 후에도 다양한 종파의 교리와 사상에 영향을 미침. 물질과 육체에 대한 극단적인 혐오와 선과 악에 대한 이분법적 규정이 사상의 핵심임.

9) 필론(Philon, BC 160?~BC 80?): 고대 유대의 신학자이자 철학자. 플라톤, 아리스토텔레스, 스토아학파(특히 포세이도니오스) 등의 그리스 철학에 조예가 깊었으며, 그리스 철학과 유대인의 유일창조신(唯一創造神) 신앙과의 융합을 꾀한 인물임. 스토아학파의 회의설에 맞서 목전의 분명한 지식을 주장하였으며, 키케로의 스승이기도 하였음.

10) 유스티누스(Justinus griech. Justinos, 100~165): 기독교 교부이자 철학자. 그의 관점은 플라톤주의의 영향을 많이 받았으며, 그 점에서 그리스 철학을 최초로 기독교에 접목한 인물로 간주됨. 로고스적 사고에 바탕을 두고 요한복음을 해석하였음.

11) 이레네우스(Irenaeus): 교부. 2세기경 리용 및 빈의 주교 역임. 그

법의 한계와 활용 규칙을 세우려고 시도하였다. 테르툴리안(Tertullian)[12]은 유대인과 그노시스파와 동일한 싸움에서 유스틴과 이레네우스의 방법을 받아들였지만, 더 나은 해석 기술의 생산적인 규칙을 발전시켰다. 그렇다고 해서 그 자신이 그 규칙을 충실하게 따른 것은 아니었다. 그리스 교회에서 그 방법은 대립을 원리적으로 파악할 수 있었다. 안티오크 학파는 텍스트를 문법-역사적 원리에 입각해서만 설명하였다. 그리하여 안티오크 학파의 테오도로스(Theodoros)는 아가서(雅歌書)[13]에서 결혼식 축

노시스파와 이념 논쟁을 벌임. 특히 사도행전의 구원 입증에 많은 공헌을 함.

12) 테르툴리안(Tertullian, 2세기 중엽~222): 법률가이자 교부의 한 사람. 그리스 철학의 비판을 통해 모든 '비교'를 경멸하였음. 〈영혼에 관하여〉라는 자신의 글을 통하여, 그리스 철학과 그노시스파와는 달리, 인간의 육체성과 시간적 출발을 중시함. 종교의 선택은 개인적이라는 주장을 펴 종교의 자유를 실파함.

13) 아가서(Hochlied): 구약성서의 한 부분으로 왕과 한 시골 소녀의 사랑의 이야기를 다루고 있음. 여기서 시는 하나의 예표로서 그 성취가 되는 신랑인 그리스도와 그분의 신부인 사랑하는 자 사이의 혼인의 사랑에 대한 놀랍고도 생생한 묘사를 하고 있음. 이 시와 그 묘사에 나타난 양측의 각 단계가 그 진보와 일치하는 것은 전지전능하시고 무소부재하신 하느님의 거룩한 말씀의 내재적인 계시임. 아가서에서 주장하고자 하는 바는 결국 믿는 이들은 주님을 추구하고 사랑 안에서 그분과

가만을 보았다. 욥기(Job)[14]에서는 역사적 전승의 시적

교통을 가져야 한다는 것임. 아가서의 내용은 대체적으로 다음과 같이 구성되어 있음.

Ⅰ. 신랑과 신부의 사랑(1:1~2:7)

Ⅱ. 무르익는 사랑(2:8~3:5).

Ⅲ. 결혼(3:6~5:1).

Ⅳ. 부재중인 남편을 기다리는 아내 (5:2~6:9).

Ⅴ. 아름다운 술람미 여인 (6:10~8:4).

Ⅵ. 사랑의 경이로움(8:5~14).

참고: 한국복음서원 출판의 《구약개관》5권, 〈아가서 강해〉 볼 것.

14) 욥기(Job): 구약성서의 한 편으로 욥의 고난을 통하여 하느님은 하늘에 있는 자들과 땅에 있는 자들과 땅 아래 있는 자들의 주(主)임을 가르치기 위한 기록으로 구성되어 있음. 총 42장으로 되어 있으며, 잠언, 전도서와 함께 지혜 문학을 이룸. 이 책이 다루고 있는 사건은 이스라엘의 족장 시대, 즉 아브라함 시대 직후에 있었던 것으로 여기고 있으며, 주제는 고통을 통하여 인격과 믿음을 정화시킨다는 것임. 욥은 고난 받는 경건한 이스라엘 사람의 한 모델로서 국가적으로 절망에 빠져 있던 동시대인들에게 하느님을 원망하지 말고 좋은 시대의 도래를 기다리도록 격려하며, 의인이 경건한 신앙적 자세를 끝까지 견지하고 의로운 하느님을 믿으면 반드시 하느님의 복과 구원이 있다는 것을 전해주는 교훈적 내용을 담고 있음. "네가 네 행위가 의로워서 복을 받는 것으로 알고 네 의를 의지하고 있지만, 그러한 너에게 내가 재앙을 주니 네가 비극을 당하는 것이 아닌가? 아무런 행위에 의가 없는 존재라고 할지라도 내가 복을 주면 복을 받아서 사는 것이 아닌가?"라는 것이 욥기의 핵심임. 결국 "사람은 행위의 의로 사는 것이 아니라 하느님의 은혜로 산다"는 것을 욥기는 말하고 있음.

형상만을 주목하였다. 그는 시편의 표제를 거부하고, 구세주의 예언 중 두드러진 부분을 고려하여 그리스도의 직접적인 관련성을 반박하였다. 그는 텍스트의 이중적 의미를 고려하지 않았고, 과정들 사이의 높은 연관성만을 고려하였다. 반면 그 이후 필론(Philon), 클레멘스(Clemens)[15]와 오리게네스(Origenes)[16]는 텍스트 자체에서 시적

---

15) 클레멘스(Clemens von Alexandria, 150~215): 철학자이자 알레산드리아의 교사. 플라톤과 스토아학파의 영향을 받음. 클레멘스는 알렉산드리아의 부유하고 매우 교양 있는 지도층에게 진취적이고 고등 종교인 그리스도교를 선포하는 일에 헌신하였으며, 이를 실천하고 정식화하는 데 플라톤과 스토아학파의 철학을 활용함. 그는 교양 있는 이교인에게는 삶의 의미를 찾도록 하였으며, 그리스도인에게는 경건한 신앙생활의 실천은 물론 신앙을 이성적으로 숙고하게 함. 세 편의 주요 작품인《이교인들에 대한 권고》,《교육자》,《양탄자》는 이들을 대상으로 한 것임. 에우세비우스의《연대기》에 따르면 클레멘스는 이 작품들을 203년에 저술했다고 하나, 정확한 연도는 알 수 없음.

16) 오리게네스(Origenes, 185~254): 알렉산드리아 학파의 대표적 신학자. 성서, 체계적 신학, 그리스도의 변증적 저술 등의 내용의 저서를 많이 남긴 인물이며, 그리스도교 최초의 체계적 사색가로서 이후의 신학사상 발전에 지대한 공헌을 하였음. 203년 18세 때 클레멘스의 뒤를 이어 동 교리학교의 운영자가 되었으며, 팔레스티나의 카에자리아(가이사리아)로 가서 그곳에 교리학교를 세움. 오리게네스의 신학사상의 근본은 그리스도교와 그리스 철학을 조화 · 융합시킨 데 있으며, 그 목적을 위하여 사용한 방법이 성서의 비유적 해석이었음.

의미와 현실적 의미를 구별하였다.

단순한 해석 기술에서 학문적 해석학으로 진화하는 과정에서 이러한 투쟁으로부터 우리가 알고 있는 최초의 해석학 이론이 생겨났다는 것은 하나의 커다란 진전으로 볼 수 있다. 필로(Philo)17) 이후 이미 구약 성서에 적용되었고, 그 지식이 구약 해석의 근간을 이루게 되었던 문자적

---

17) 필로(Philo von Alexandria, BC 25∼50): 유대-그리스 철학자. 유대교와 그리스 철학의 결합에 공헌함. 알렉산드리아 학파의 성서 해석 방법의 기초를 세운 인물임. 보이는 세상은 단지 이데아의 실제 세상의 모상이라는 플라톤과 스토아학파의 세계관에 따라, 필로는 성서의 말씀 뒤에 숨어 있는 더 깊은 영적 의미를 발견함. 그는 영적 의미를 드러내고자 호머나 다른 시인들의 작품과 신화에 대해 학교에서 가르치는 세속적 해석 방법을 사용하였고, 계몽된 철학의 빛 안에서 더 이상 문자적으로 이해될 수 없었던 이 작품들은 필로의 비유적 해석을 통해 더 깊은 철학적 · 도덕적 의미를 획득하게 되었음. 필로는 유대인의 해석 방법과 철학에다 헬레니즘 철학과 교육을 접목함. 이러한 접목 과정은 알렉산드리아가 헬레니즘 세계의 중심지이며 로마제국 가운데 가장 큰 유대인 디아스포라 공동체의 고향이자 세계적 도시였기 때문에 쉽게 이루어질 수 있었고, 이곳에서는 이미 기원전 2세기에 히브리어로 쓰인 구약성서가 그리스어로 번역될 정도였음. 필로는 대략 60권의 작품, 주로 모세 오경에 관한 주석서와 철학 작품을 저술하여 이후 세대에 영향을 줌. 알렉산드리아의 클레멘스, 오리게네스, 니사의 그레고리우스, 암브로시우스, 히에로니무스는 필로의 작품들을 원본으로 가지고 있었으며 이를 활용하였다고 전해짐.

해석과 영적 해석이 존재하고 있다. 이를 바탕으로 오리게네스가 자신의 저서《통치자, 법관, 권력자에 관하여》에서, 그리고 아우구스티누스(Augustinus)[18]가《기독교 교의론》 제4절에서 통일적으로 기술된 해석학 이론을 정초하였다. 그 이후 앞선 두 저작에 필적한 만한 안티오크 학파의 두 작품이 바로 디오도로스(Diodoros)[19]의《이론과

---

18) 아우구스티누스(Aurelius Augustinus, 354~430): 초대 그리스도교회가 낳은 위대한 철학자이자 사상가. 그의《고백록》에 따르면, 그는 로마제국 말기 청년 시절을 보내며 한때 타락한 생활에 빠지기도 하였으나, 19세 때 M. T. 키케로의《철학의 권유(*Hortensius*)》를 읽고 지적 탐구에 강렬한 관심이 쏠려 마침내 선악이원론(善惡二元論)과, 체계화하기 시작한 우주론(宇宙論)을 주장하는 마니교로 기울어지게 됨. 그 후 그는 회의기를 보내며 신(新)플라톤주의에서 그리스도교에 이르기까지 정신적 편력을 하였고, 384년에 만난 밀라노의 주교(主敎) 암브로시우스의 도움으로 그리스교로 개종하게 되었음. 395년에는 히포의 주교가 되어 그곳에서 바쁜 직무를 수행하는 한편 많은 저작을 발표하였음. 대표작으로《고백록》과 더불이《삼위일체론(三位一體論)》,《신국론(神國論)》 등이 있음.

19) 디오도로스(Diodoros Kronos): 기원전 4세기경의 메가라 학파 철학자이자 변증법 학자. 키레네의 아폴로니오스의 제자로 아폴로니오스, 에우불리데스와 함께 메가라 학파에서의 형식논리학 분야의 대표적 존재였으며, 그의 학설은 메가라의 필론과 크리쉬포스와 같은 스토아학파로 계승 발전됨. '가능적 존재란 현실적 존재 및 현실적 존재로 되는 것이다'라는 유명한 명제가 있으며, 이 원리는 일견 일리가 있는

은유의 차이에 관하여》와 테오도로스(Theodoros)의 《은유와 역사에 관하여. 오리게네스에 대한 반론》이다. 아쉽게도 그 작품은 소실되었다.

4) 근대 르네상스 및 계몽주의 해석학

해석과 해석의 규칙 부여는 르네상스 이후 새로운 국면으로 접어들었다. 고전적, 기독교적 고대로부터 르네상스기 인간은 언어, 삶의 조건, 국적에 따라 분류되었다. 해석은 이제 문법, 사물, 역사 연구를 매개로 낯선 정신적 삶을 이해한다는 로마 시대의 의미와는 전혀 다른 의미를 지니게 되었다. 그리고 이러한 새로운 문헌학, 박학다식, 비판은 여러 가지 측면에서 다양한 소식과 유물의 도움으로 가능하게 되었다. 이제 해석은 새로운 방식으로 창조적이고 구성적이지 않으면 안 되게 되었다. 그리하여 문헌학, 해석학, 비판은 한 단계 도약하였다. 광범위한 해석학적 문헌이 이후 4세기 동안 생겨나게 된 것이다. 그 문헌들은 두 가지 다양한 흐름을 형성하였다. 왜냐하면 고전과 성서 관련 문헌들은 사람들이 습득하고자 하는 커다란 힘으로 작용하였기 때문이다. 사람들은 고전-문헌학적 규칙

듯 보이지만 모순을 허용하는 논쟁적 요소를 담고 있음.

부여를 비판 기술(ars critica)로 불렀다. 스키오피우스(Sciopius), 클레리쿠스(Clericus) 그리고 발레시우스(Valesius)의 미완성 작으로 대표되는 그러한 작품들은 첫 장에서 해석학적 기술학을 다루었다. 셀 수 없는 논문과 강연집들이 해석의 문제(de interpretatione)를 다루었다. 해석학이 마침내 모양을 갖춘 것은 성서 해석 덕분이다. 이러한 해석학 작품 가운데 가장 의미 있는, 심오한 작품은 플라시우스(Flacius)[20](1567)의《열쇠들(di clavis)》이다.

그 저서 안에서 그때까지 발견된 해석 규칙들의 개념이 이들 규칙에 따른 기술적 방법을 통하여 하나의 교수 틀로 묶이게 되었다. 하나의 보편타당한 이해에 도달해야 한다는 요청과 함께 해석학을 지배하는 원론적 관점을 플

---

20) 플라시우스(Matthias Flacius, 1520~1575): 루터파 신학자. 베네치아에서 근본적인 인문주의 교육을 받은 후 원래는 프린체스코 수도사가 되려고 하였으나 진로를 바꾸어 루터와 멜란히톤에게 사사하고 1544년 히브리어 교수직을 얻음. 1550년경 카스파 슈벵크펠트와 신이라는 단어의 의미에 관한 논쟁을 하였고, 이 논쟁의 결과를《성서와 그것의 영향에 관하여 / 카스파 슈벵크펠트에 대한 반론》(1553)으로 집필함. 가톨릭의 성서 해석 전통을 비판하고 성서는 그 자체가 하느님의 말씀으로 이해되어야 한다고 주장함으로써 이후 해석학의 발전에 지대한 공헌을 한 인물임.

라시우스는 16세기 투쟁들을 통하여 의식하게 되었다. 플라시우스는 두 전선(戰線)에 맞서 싸워야 했다. 재세례파(再洗禮派)[21]는 물론 복교적 구교주의에서도 성서의 어두운 면을 주장하였다. 이들과 맞서는 데 있어 플라시우스는 해석할 때 성서의 기본 원리로 돌아갔던 캘빈(Calvin)의 성서 해석으로부터 배움을 취하게 된다. 그 당시 루터주의자들에게서 가장 시급한 과제는 새로 정립된 전통의 구교 교리를 반박하는 것이었다. 신교적 문헌 원리에 반한 투쟁 과정에서 성서 자체만으로는 풍부하고, 보편타당한 해석이 도출될 수 없다는 사실을 근거로 문헌 해석 방법을 규정한 전통의 권리가 확립될 수 있었다. 1545

---

21) 재세례파(再洗禮派, Anabaptist): 'Rebaptizer'라고도 하며, 16세기 종교 개혁의 급진파 혹은 좌파 운동에 참가했던 집단으로 가장 뚜렷한 특징은 성인 세례임. 이 운동의 1세대 개종자들은 세례를 2번 받았는데, 그 당시의 법에 따르면 재세례는 사형에 해당하는 범죄였음. 재세례파 자신들은 세례를 2번 받는다는 사실을 부인함. 그 이유는 자신들이 받은 유아 세례를 신성모독적인 의식으로 보고 부정했기 때문임. 그들은 죄와 믿음을 공개적으로 고백하고 성인 세례를 받는 것만이 유일하게 타당한 세례라고 보았음. 스위스의 종교 개혁가 울리히 츠빙글리(Zwingli)의 견해를 따른 그들은 유아들이 선과 악에 대한 자각이 생기기 전까지는 죄로 인한 형벌을 받지 않으며 그런 자각이 생기고 난 후에야 자유의지로써 회개하고 세례를 받아들일 수 있다는 견해를 고수함.

년에서 1563년까지 지속된 트리엔트 공의회[22]의 네 번째 회의에서부터 이 문제를 다루었고, 1564년 마침내 최초의 전통적인 교령(教令)이 발표되었다. 나중에 트리엔트 구

22) 트리엔트 공의회(Council of Trient, 1545～1563): 루터의 종교 개혁에 맞서 가톨릭의 교리와 체계를 쇄신하기 위하여 북이탈리아 도시인 트리엔트(현재의 Trento)에서 18년간 열린 공의회로서 가톨릭교회 내부의 개혁을 이루는 계기를 마련함. 교황 바오로 3세는 공의회의 실현을 위해 성실하게 노력해 온 칼 5세와 공의회 소집에 합의함으로써 교회의 숙원이었던 공의회를 성취시켜 트리엔트 공의회(1545～1563)가 탄생하게 됨. 하지만 공의회가 개최된 이후에도 두 번이나 중단해야 했고, 공의회의 활동 자체도 긴장되고 복잡한 과정의 연속이었음. 트리엔트 공의회는 프로테스탄티즘의 종교 개혁에 대한 가톨릭교회의 공식적 반응으로 가톨릭 신앙 교의에 대한 명확한 선언이자 동시에 가톨릭교회 내부의 자각이요 참된 종교 개혁의 성격을 지님. 이러한 공의회의 개혁 정신은 공의회 직후 교황에 오른 성 비오 5세(1566～1572)를 통해 계승, 발전하게 됨. 그는 머리의 개혁을 통해 교회 쇄신의 진리성을 확신시켰고, 공의회 정신을 따라 교회 전체를 내적으로 쇄신하는 일을 교황 직의 제일 중요한 과제로 생각함. 교황 식 사체의 쇄신을 위해 그는 추기경단부터 철저하게 개혁하고, 종교적 윤리적으로 뛰어난 사람들로 추기경단을 보완하고, 그들에게 교회의 개혁 사업을 위촉하였고, 교회 개혁의 일환으로 새로운 교리서, 미사 경본, 성무일도 등을 간행하여 공의회 이후의 가장 위대한 개혁 교황으로 불리게 됨. 그 이후 그레고리오 13세(1572～1585)는 특히 학문분야에서, 식스토 5세(1585～1590)는 특히 성청(교황청)의 개혁에서 각기 뛰어난 업적을 남겼음.

교도의 대표자인 벨라르미누스(Bellarminus)[23]는 플라시우스 작품이 출간된 지 얼마 되지 않아 1581년 논쟁적 저서에서 성서의 이해 가능성을 주장하였고, 이로써 전통의 정당성을 만회하고자 시도하였다. 이 투쟁 과정에서 플라시우스는 보편타당한 해석 가능성을 해석학적으로 입증하고자 하였다. 이러한 과제를 수행하면서 그는 이전의 해석학에서 수행하지 못했던 그 문제 해결을 위한 수단과 규칙들을 의식하게 된 것이다.

해석자가 자신의 텍스트에서 어려움에 직면할 때 이를 해결할 수 있는 섬세한 유형의 보조 수단이 있다. 그것은 살아 있는 그리스도적 종교성에 주어진 작품 연관이다.

---

23) 벨라르미누스(Robertus Francescus Romulus Bellarminus, 1542~1621): 가톨릭 성인. 이탈리아에서 태어나 1560년 예수회에 입문함. 트리엔트 공의회 이후 진행된 프로테스탄트의 교회 개혁에 맞서 가톨릭 신앙을 옹호함. 1570년 문법책과 교부학 저서인 《교회의 저술가들(De Scriptoribus ecclesiasticis)》을 편찬하고 바이우스(1513~1589)와 논쟁하여 트리엔트 공의회 이후 개혁이 진행되는 동안 그에 맞서 가톨릭 신앙을 옹호하였음. 1576년 로마 대학의 논쟁 신학 교수로 임명된 그는 이곳에서 교수로 활동하면서《이단 반박론》을 발간함. 그의 교리서들은 일반 그리스도교인들을 위해 쓰인 것으로 교회의 신앙에 대한 이론의 여지가 없는 작품으로 가치를 인정받고 있으며, 그의 전반적인 작품들은 특히 성 프란체스코 드 살에게 큰 영향을 주었는데 그는 벨라르미누스를 '지칠 줄 모르는 교의의 샘'이라고 평가하기도 함.

만일 우리가 그것을 도그마적 사유로부터 우리 내부로 끌어들여 번역한다면 종교 경험의 해석학적 가치는 단지 원리의 몇 가지 사례에 불과하다. 그 원리에 따르면 모든 해석 방법에는 그 방법의 한 요소로서 본질적 연관으로부터의 해석이 포함되어 있다. 그 첫걸음이 문법적 해석이다. 하지만 플라시우스는 그것보다도 해석의 심리적, 기술적 논리의 의미를 우선시하고 있다. 그 원리란 텍스트의 부분들은 전체 작품의 의도와 구성에 비추어 해석되어야 한다는 것이다. 기술적 해석을 위하여 그는 방법적으로 문학 작품의 내적 연관, 구성, 영향적 요소들에 관한 수사학적 지식을 활용하고 있다. 그에 앞선 사전 작업으로 멜란히톤(Melanchthon)[24]은 아리스토텔레스의 수사학을 재

---

24) 멜란히톤(Philipp Melanchthon, 1497~1560): 독일의 인문주의자이며 종교개혁가. 《신학강요(神學綱要)》(1521)를 펴내 프로테스탄트 최초의 조직신학의 기초를 확립한 인물. 그 당시 대표적 인문주의자 에라스무스의 영향을 받은 멜란히톤은 1518년 비텐베르크 대학교에 초빙되어 그리스어 교수를 하면서 루터의 사상에 공명하여 친교를 맺고, 라이프치히 논쟁에서는 그를 지지하였음. 그 후 신학 · 철학 교수를 하며 1530년에는 프로테스탄트 최초의 신앙 고백인 〈아우크스부르크 신앙 고백〉을 썼고, 루터가 주도했던 성서의 독일어 번역에도 협력하였으나, 그의 성품 탓으로 종교 개혁 운동에는 표면적으로 나서지 않았음. 나아가 성직자의 새로운 교육 제도, 일반 고등교육의 학제 개혁에 큰 영향을 미쳤고, 특히 김나지움 설립에 이바지하였음.

구성하였다. 플라시우스 자신은 부분의 명확한 규정을 위하여 방법적으로 맥락, 목적, 비례, 개별 부분과 절의 신뢰성 속에 포함되어 있는 보조 수단을 활용해야 한다는 것을 알고 있었다. 그는 보조 수단의 해석학적 가치를 방법학의 일반적 관점으로 가져온다.

"그 외에도 어디서나 전체의 개별 부분들은 전체 및 나머지 다른 부분들과의 관련으로부터 이해될 수 있다."

그는 작품의 내적 형식에서 양식과 개별 영향 요소로 나아가며, 이미 사도 바울 양식과 요한복음 양식의 섬세한 특징들을 기획하고 있다. 그것은 물론 수사학적 견지의 한계 내에서 보자면 하나의 커다란 진전이었다. 멜란히톤과 플라시우스에게 모든 저술이 규칙에 의해 이룩된 것과 마찬가지 방식으로 그것은 규칙에 입각하여 이해될 수 있다. 이는 마치 양식, 그림, 비유로 치장된 논리적 자동 기계와 흡사한 것이다.

플라시우스 작품의 형식적 결함은 바움가르텐(Baumgarten)[25]의 해석학에서 극복되었다. 하지만 이 안

25) 바움가르텐(Alexander Gottlieb Baumgarten, 1714~1762): 독일

에서 동시에 제2의 위대한 신학-해석학적 운동이 널리 유통되었다. 할레(Halle) 도서관에 관한 바움가르텐의 소식을 통해 네덜란드 해석학자 이외에 영국의 자유사상가와 민속학 관점에서 구약을 해설하는 사람들이 독일의 시야로 들어오기 시작하였다. 젬러(Semler)[26]와 미하엘리

계몽시대 라이프니츠-볼프 학파의 철학자. 철학사에서 미학(美學)을 철학의 한 분과로 체계화한 인물로 평가됨. 볼프의 철학을 간결하게 정리하여 훌륭한 교재를 편찬하였고, 대 철학자 칸트 또한 그 교재를 사용하여 철학을 가르쳤다고 전해짐. 칸트의 형이상학의 정초에도 적지 않은 영향을 미침. 대표작으로는 《윤리학》(1740)과 《미학》 2권(1750~1758) 등이 있음.

26) 젬러(Johann Salomo Semler, 1725~1791): 개신교 신학자. 박애주의자 가정에서 태어나 할레 대학에서 학업을 마친 후 학술지 편집장을 지냄. 역사-비판적 문서 연구의 방법을 창안하여 성서가 비판적으로 분석되어야 함을 주장하였음. 그는 정통파와 박애주의는 물론 볼테르와 할프바하와의 경계를 분명히 함. 그의 대표작은 〈경전의 자유로운 연구에 관한 논문〉으로, 경전이 역사적 조건에 의하여 규정되며, 결코 '하늘에서 자명하게 떨어진' 것이 아님을 주장함. 이로써 역사적 생성 과정이 해석의 전면으로 부상하게 됨. 성서는 예수 이후에 생성되었으므로, 그 문서 안에는 신의 말씀이 들어 있으나 그것 자체가 곧 신의 말씀이 아니라는 결론이 도출됨. 이러한 근거에서 그는 정통적 문서 해석 방법을 거부하였고, 성서 안에도 실수, 모순, 부가 기록 등이 있을 수 있음을 역설함. 이것이 해석학에 미친 영향은 경전을 비판적으로 분석해야 하며, 시대사적 제약을 의식적으로 분명히 해야 한다는 데 있음.

스(Michaelis)는 상호 교제와 공동 작업을 하면서 서로를 고무(鼓舞)하였다. 미하엘리스는 처음엔 언어, 역사, 자연과 법에 관한 통일적, 역사적 직관을 구약 해석에 적용하였다. 위대한 바우어(Bauer)의 선구자인 젬러는 신약 경전의 통일성을 깨고, 각각의 개별 서술에 대하여 그것의 국지적 성격 안에서 파악할 올바른 과제를 설정한 후 기독교 신봉자와 비교적 자유분방한 기독교인들 간에 벌어진 기독교 정통성 논쟁을 새로운 통일성으로 묶었다. 그리고 그는 신학적 해석학을 준비하면서 단호하게 학문 전체를 두 가지 부분으로 환원시켰다. 그 두 가지는 언어 활용의 해석학과 역사적 정황의 해석학이 그것이다. 이로써 해석은 교조로부터 해방되었고, 문법·역사학파가 설립되었다. 에르네스티(Ernesti)[27]의 섬세하고 주의 깊은 정신은

---

27) 에르네스티(Johann August Ernesti, 1707~1781): 독일 신학자이자 문헌학자. 1742년 라이프치히 대학에서 고대 문학 강좌를 하였고, 1756년 수사학 정교수가 됨. 1759년 신학과의 정교수로 자리를 옮김. 그는 할레 대학의 바움가르텐과 공동 작업을 통하여 스콜라적이며 신비주의적 요소들로부터 정통적인 신학 교리를 확립하기 위한 노력을 경주함. 이로써 신학의 개혁에 적지 않은 공헌을 남김. 무엇보다도 에르네스티는 텍스트 비판에서 후대에 영향을 줌. 젬러와 함께 루터 신학의 개혁 작업을 하였고, 게스너와 함께 고대 문학의 신학파를 개설하기도 함. 에르네스티의 공적은 해석학 발전에 기여한 데서 찾을 수 있음. 그의 주

《해석학(*Interpres*)》에서 새로운 해석학을 위한 고전적 저술을 창조하였다. 슐라이어마허(Schleiermacher) 또한 자신의 저술에서 고유한 해석학을 발전시켰다. 이러한 발전은 물론 제한된 범위 안에서 이루어진 것들이다. 성서 해석학자의 지배하에서 특정 시기의 저술 구성과 사고 틀은 동일한 관점, 즉 지역적, 시간적으로 조건 지어진 사고의 범위 내에서 파악된다. 실용주의적 역사관에 따르면 종교 및 도덕적으로 유사하게 형성된 인간성은 다만 외부에서 볼 때 지역적, 시간적으로 제한된다. 그것은 비역사적이다.

이제까지 고전 해석학과 성서 해석학은 상호 병립해 왔다. 그렇다면 두 해석학을 일반 해석학의 응용으로 파악할 수는 없을까? 볼프주의자 마이어(Meier)는 1757년 일반 해석 기술을 시도하면서 이 방향으로 첫걸음을 내딛었다. 그는 자신의 학문 개념을 최대한 일반적으로 파악하고자 하였다. 학문은 모든 기호 해석에서 발견할 수 있

저인《신약 성서의 체계적 해석(*Institutio Interpretis N. T.*)》(1761)에서 그는 일반적 해석 원리를 제시하였음. 그는 역사-문법적 학파의 창시자로 성서든 고대 문헌이든 오직 하나의 의미만을 부여하려고 하였는데, 그 의미는 문법, 논리, 역사의 일치에서 찾아질 수 있는 것으로 보았음.

는 규칙을 제시할 수 있어야 한다. 그러나 그 책은 구성 양식과 대칭의 관점에 의해 새로운 학문을 창조할 수 없다는 점을 다시금 보여주고 있다. 그렇게 해서는 어느 누구도 볼 수 없는 어두운 창문만이 생겨날 뿐이다. 영향력 있는 해석학은 오직 문헌학적 해석의 탁월함을 참된 철학적 능력과 결합시켰던 사람의 두뇌에서만 가능할 수 있었으니, 그가 바로 슐라이어마허였다.

5) 슐라이어마허의 해석학

슐라이어마허가 작업할 당시의 정신적 상황은 대체로 다음과 같다. 빙켈만(Winckelmann)[28]의 예술 작품에 대

---

28) 빙켈만(Johann Joachim Winckelmann, 1717~1768): 독일의 미학자이자 미술사가로 귀족의 도서실 사서로 일하며 고대 그리스 문화를 연구함. 로마의 고대 유품(遺品)과 각지의 유적에 대한 조사 연구 및 저술 활동을 하며 바티칸 도서관 서기, 고미술 보존 감독관으로 일하기도 함. 볼프와 볼프 학파의 계몽적 합리주의에 강하게 반발하며, 새로운 미의 개념을 정립하는 데 주력함. 그에 따르면 미는 가장 파악하기 힘든 것이며, 인간의 파악능력 저편에 있는 것임. 이러한 미의 표상이 될 수 있는 것은 바로 그리스 문화와 예술이며, 이런 맥락에서 그리스 예술과 문화를 연구하여 《회화 및 조각에 있어서의 그리스 미술품의 모방에 관한 고찰》(1755)을 출판하여, 그 당시 일고 있던 고전주의 사상의 선구자로 인정받게 됨. 그는 지속적으로 발전해 나가는 자연의 최고의 창조물을 바로 '아름다운 인간'에서 찾을 수 있다고 봄. 대표작으로

한 해석, 동시대인과 민족의 영혼에 대한 헤르더(Herder)[29]의 공감, 새로운 미학적 관점에서 작업한 하이네(Heyne)[30]의 문헌학, 프리드리히 아우구스트 볼프와 그 제자들, 그중에서도 하인도르프(Heindorf)는 플라톤 연

1764년에 출간된 《고대예술사》가 있음.

29) 헤르더(Johann Gottfried von Herder, 1744~1803): 독일의 철학자이자 문학자. 칸트의 계몽주의적 이성주의 철학에 반대하고 브루너, 스피노자, 라이프니츠, 하만 등의 영향을 받아 다분히 직관주의적 · 신비주의적 경향을 띠게 됨. 그는 언어와 함께 인간의 이성이 생겨난다고 볼 정도로 언어철학과 민속 음악의 수집에 열정을 쏟았음. 유럽 내에서 슬라브 민족학의 발달은 헤르더의 공적에 힘입은 바 큼. 인간의 역사나 자연의 역사 모두 정해진 규칙에 따라 발전을 거듭한다는 역사적 진보관의 입장을 취함. 역사는 결국 인간성 실현을 위한 진보적 발달의 과정이라고 보는 그의 대표작 《인류역사철학고(人類歷史哲學考)》(1784~1791)는 레싱을 계승하여 나중에 헤겔의 역사철학 구성으로 이어지며, 다른 한편 언어철학의 집대성인 《언어의 기원에 대한 논고》(1772)는 나중에 빌헬름 폰 훔볼트의 언어철학에 영향을 주었음.

30) 하이네(Christian Gottlob Heyne, 1729~1812): 독문학 교수이자 도서관장을 역임하였으며, 고대학, 고대 문헌학, 언어 연구, 고고학 등 다방면에 종사한 인물임. 그는 고대 그리스와 로마의 다양한 작품들을 독일어로 번역하였고, 특히 에픽테트와 티불을 독일어로 번역하는 데 공헌함. 최초로 고대 그리스 신화를 학문적으로 연구하였던 인물이기도 함. 언어학과 고고학 등 다양한 학문의 폭넓은 식견을 바탕으로 현대의 고대학과 신화 연구의 새로운 지평을 열었음.

구를 하면서 슐라이어마허와 밀접한 관계를 맺고 있었다.

이 모든 것들이 슐라이어마허 안에서 독일의 선험철학 방법과 연결되었다. 낭만주의와 선험철학을 결합함으로써 의식 속에 주어진 모든 것의 통일이 이루어지고, 자아를 그다지 의식하지 않은 채 외부 세계의 모든 형식을 내부에 창조할 수 있게 되었다. 이 둘의 결합에서 그 자신의 고유한 해석 기술과 학문적 해석학의 결정적 근거가 생겨났다. 이제까지 해석학은 기껏 규칙의 부분들, 개별 규칙들이 보편타당한 해석의 목적을 통하여 하나로 묶일 수 있는 규칙의 구조물에 지나지 않았다. 해석학은 해석 과정에서 함께 작용하는 기능들을 문법적, 역사적, 미학적, 수사학적, 사물적 해석으로 구분하였다. 그리고 해석학은 수세기 동안의 문헌학적 탁월성으로부터 이러한 기능들을 작용하게 하는 규칙들을 의식화할 수 있었다. 이러한 규칙들을 전제로 슐라이어마허는 이제 이해의 분석, 이러한 목적 행위 자체의 인식으로 되돌아갔다. 이러한 인식으로부터 그는 보편타당한 해석 가능성, 보조 수단, 한계 및 규칙들을 도출하였다. 하지만 그는 이해를 단지 문서 기록 과정 자체에 대한 자신의 생생한 관계 안에서의 모방, 재구성으로서 파악할 수 있었을 뿐이다. 삶에 엄청난 영향을 주는 문학 작품이 생겨나는 창조적 과정을 생생하게 직관함으로써 그는 문서 기호와 원저자의 의도 및 정신 유형으로부터 작품 전체를 이해하는 또 다른 과정의 인식 조건을 깨닫게 되었다.

하지만 그와 같이 제기된 문제를 푸는 데는 새로운 심리학적－역사적 직관을 필요로 하였다. 그리스적 해석과 특정 문학 작품의 기술학으로서 수사학 사이에 존재하는 연결 지점으로부터 해석학에서 중요한 관계를 추적할 수 있었다. 두 과정의 파악은 항상 논리－수사학적으로 남았다. 여기서 완성된 범주들은 항상 제작, 논리적 연관, 논리적 질서, 그리고 논리적 산출물을 양식, 비유, 그림으로 치장하는 것들이다. 하지만 이제 문서를 이해하기 위한 아주 새로운 개념들이 적용되었다. 작품의 작용과 형성을 의식하지 않고, 저작에 대한 최초의 반응을 수용하여 전개하는 통일적, 창조적 작용 능력이 가능하게 된 것이다. 수용과 자발적 형성은 그 안에서 분리할 수 없다. 개성은 손가락 끝과 개별 단어에까지 영향을 미친다. 그것의 최상의 표현은 문서화와 작품의 외적, 내적 형식이다. 그리고 이제 이 작품에 대해 고유한 개성을 타인의 직관을 통하여 보완하고자 하는 채워지지 않은 욕구가 생겨나게 된다. 이해와 해석은 이처럼 삶 자체 내에서 항상 활발하게 살아 움직이고 있다. 우리는 삶에 영향을 주는 작품들의 기술적 해석과 원저자의 정신에 담겨 있는 삶의 연관을 해석함으로써 그것의 완성을 이룰 수 있다. 독특한 형식의 새로운 직관이야말로 슐라이어마허의 정신이 받아들이고 있는 것이다.

슐라이어마허의 동시대인들과 그 자신에 의해 시도된 새로운 심리학적–역사적 직관은 점차 해석의 문헌학적 기술로 완성되었다. 바로 이 점에서 우리는 일반 해석학의 위대한 정립을 가능케 한 또 다른 조건을 찾을 수 있다. 이 시기 실러(Schiller), 빌헬름 폰 훔볼트(Wilhelm von Humboldt), 슐레겔(Schlegel) 형제를 통해 독일 정신은 시적인 산출로부터 역사적 세계의 추후 이해로 변화하였다. 그것은 하나의 엄청난 운동이기도 하였다. 뵈크(Boeckh)[31], 디센(Dissen)[32], 벨커(Welcker), 헤겔

---

31) 뵈크(Philipp August Boeckh, 1785~1867): 독일 고대 문헌학자이자 고대학 연구가. 계몽주의 철학자이자 고대 문헌학자 볼프의 영향으로 할레 대학에서 신학과 문헌학을 공부하게 됨. 1806년 슐라이어마허를 통하여 베를린의 교육학 세미나의 일원이 됨. 1814년 베를린 대학에서 문헌학 세미나를 창설하였고, 그해 프로이센 왕립 학술원 회원이 됨. 그리스 유적들의 필사본을 통해 그리스의 정치, 경제, 사회, 문화를 연구하였고, 고대의 광범위한 인식과 재생을 통하여 문헌학의 위치를 한 단계 끌어올렸다는 평을 받게 됨. 대표작으로는《아테네인들의 국가 경영》(1817),《고대의 무게, 화폐 단위, 질량에 관한 기상학적 고찰》

(Hegel), 랑케(Ranke)[33], 사비니(Savigny)[34] 등도 그러한

(1838), 《핀다로스 주해》(1811) 등이 있음.

32) 디센(Georg Ludolf Dissen, 1784~1837): 독일 고대 문헌학자. 괴팅겐 대학에서 고대 문헌학을 공부한 후 하이네(Christian Gottlob Heyne)의 영향을 받아 동 대학에서 강사 생활을 시작함. 그의 주제는 문헌학과 철학에 관한 내용들이었고, 이 시기 대 문헌학자인 아우구스트 뵈크를 사귀게 됨. 1813년 괴팅겐 대학으로 돌아와 벨커, 분더리히, 뮐러 등과 활발하게 공동 작업을 펴게 됨. 디센은 정직성과 방법적 작업으로 학자로서의 소임을 다한 것으로 유명함. 이러한 특성은 그의 세 편의 주저 《핀다로스》와 《티불》 그리고 《데모스테네스의 주해》에 고스란히 담겨 있음.

33) 랑케(Leopold von Ranke, 1795~1886): 독일의 역사가. 실증주의적 사실에 근거하여 객관적인 역사 서술을 하여 독자적인 연구 분야를 개척했다는 점에서 '근대 역사학의 아버지'라 불림. 라이프치히 대학에서 신학 · 언어학을 수학하고, 1818년 오더 강 근처의 프랑크푸르트 고등학교 교사로 근무 중 처녀작 《라틴 및 게르만 제 민족의 역사 1494~1514》를 저술하여 베를린 대학으로 초빙되어 그곳에서 방대한 저술과 학문적 업적을 남김. 그의 역사 서술은 원사료(原史料)에 충실하면서 사실(史實)의 개성을 객관적으로 기술하는 데 그 특징이 있음. 그는 사실을 있는 그대로 기술할 것을 강조하고, 역사란 많은 사상(事象)이 상호 관련되어 발전된 그대로를 기술해야 하며, 또 각 시대에 존재하는 독자적인 개성 가치를 간파해야 한다고 봄. 대표작으로는 《종교개혁 시대의 독일사》(1845~1847), 《프로이센사》(1847~1848), 《16~17세기 프랑스사》(1852~1861), 《16~17세기 영국사》(1869) 등이 있음.

34) 사비니(Friedrich Carl von Savigny, 1779~1861): 독일의 법학자, 역사적 법학파의 창시자. 1800년 마르부르크 대학에서 형법을 강의하

시대적 제약을 받고 있었다. 슐레겔은 문헌학적 기술에 관한 한 슐라이어마허의 선구자 역할을 하였다. 그리스 시학, 괴테, 보카치오에 관한 그의 빼어난 작업들에서 주도적인 개념이 바로 작품의 내적 형식, 저자와 작품 전체를 구성하고 있는 전체의 발달사 개념이었다. 그리고 재구성해 나가는 문헌학적 기술의 개별성과 이면에는 생산적인 저술 능력 이론을 기반으로 하는 비판학의 계획이 자리 잡고 있었다. 이러한 계획은 슐라이어마허의 해석학이나 비판학과 밀접한 관련이 있었다.

그리고 이제 슐레겔이 플라톤 번역을 시작하였다. 여기서 새 해석 기법이 마련되었고, 뵈크와 디센은 이것을 핀다로스(Pindaros) 번역에 적용하였다. 플라톤은 철학적 예술가로 이해되어야 한다. 해석의 목적은 플라톤 철학의 성격과 플라톤 작품의 예술적 형식 사이의 통일성을 찾는 것이다. 철학은 여기서 대화로 채워지는 삶 그 자체이다.

였고, 이때 그림 형제에게 적지 않은 영향을 미침. 1803년 재산법에 관한 유명한 연구를 수행하였음. 1810년 빌헬름 폰 훔볼트의 부름으로 새로 창설된 훔볼트 대학에서 로마법을 강의함. 그는 현대 국제 사법의 창설자로 간주되며, 그의 8권으로 된 《오늘날의 로마법 체계》는 오늘날까지도 영향을 미치고 있음. 대표작으로는 《중세기 로마법사》(1815~1835), 《오늘날의 로마법 체계》(1840~ 1849) 등이 있음.

그것의 문필가적 서술은 단지 기억을 위한 고정화 작업에 불과하다. 이런 이유로 철학은 대화가 될 수밖에 없다. 그것은 하나의 예술적 형식을 띠는데 그 이유는 생생한 사고의 결합을 이후에 재생하는 데 필요하기 때문이다. 동시에 플라톤 사유의 엄밀한 통일성에 입각하여 이전의 모든 대화를 포함시키고, 나중을 대비하며, 철학의 다양한 부분들의 핵심을 미리 생각해야 한다. 이러한 대화의 관계를 따를 때 플라톤의 가장 내면적인 의도를 담고 있는 주저작의 연관이 밝혀진다. 슐라이어마허에 의하면 기술적으로 형성된 이러한 연관의 파악에서 비로소 플라톤의 진정한 이해가 가능하다. 이것과 대조적으로 작품의 연대기적 순서를 정하는 일은 연관 자체가 여러모로 관련은 되지만 비교적 덜 중요하다고 볼 수 있다. 뵈크는 자신의 유명한 서평에서 이 걸작이 문헌학을 위하여 플라톤을 파악하였다고 말할 수 있었다.

문헌학적 탁월함과 천재적인 철학적 능력이 슐라이어마허의 정신에서 처음으로 결합하였다. 그의 능력은 해석학적 문제의 일반적 포착과 해결을 위해 충분한 수단을 제공해 준 선험철학에 다분히 빚을 지고 있다. 이렇게 해서 해석의 일반학과 기술학이 탄생하였다.

슐라이어마허는 1804년 가을 에르네스티의 《해석학

(*Interpres*)》 저술에서 자신의 해석학을 처음으로 구상하였다. 왜냐하면 그는 그것과 함께 할레(Halle) 대학에서 성서 해석 강좌를 개설하고자 하였기 때문이다. 우리는 그와 같이 탄생한 해석학을 매우 영향력이 없는 형태로 간직하고 있다. 할레 시절 슐라이어마허의 제자였던 뵈크는 철학적 백과사전에 관한 자기 강의의 빼어난 장에서 슐라이어마허 해석학에 영향력을 부여하였다.

슐라이어마허의 해석학 중에서 내가 보기에 이후의 발달에 영향을 끼친 문장들을 강조해 본다.

모든 문헌적 작품 해석은 이해 과정의 기술적 해석일 뿐이다. 그 과정은 삶 전체에 걸쳐 있고, 모든 유형의 말과 문자와 관련된다. 이해의 분석은 해석의 규칙 부여를 위한 기반이다. 이 분석은 문헌적 작품의 산출 분석과 관련성에서만 완성될 수 있다. 이해와 산출 간의 관계를 바탕으로 해석의 수단과 한계를 규정하는 규칙의 결합이 이루어질 수 있다.

보편타당한 해석의 가능성은 이해의 본질로부터 도출될 수 있다. 이해의 과정에서 해석자의 개성과 저자의 개성은 서로 비교할 수 없는 사실로 상호 맞서고 있는 것이 아니다. 보편적 인간성의 기초 위에 두 사람의 개성이 형성된 것이며, 이를 통하여 담화와 이해를 위한 인간 사이의 공통성이 가능해진다. 여기서 슐라이어마허의 공식과 같은 표현들은 심리학적으로 한 단계 더 깊이 밝혀질 수 있다. 모든 개인들의 차이는 마지막에는 인간 상호 간의 질적 차이로서가 아니라, 정신 과정의 정도 차이에서 기인한 것이다. 해석자가 자신의 고유한 생동감을 실험하듯이 역사적 상황에 자신을 위치시킴으로써 그는 하나의 정신 과정을 강조하거나 강화시킬 수 있고, 다른 것은 뒤로 밀어내면서 타인의 삶에 대한 추체험을 스스로 할 수 있게 된다.

우리가 이해 과정의 논리적 부분을 주목해 보면, 단지 상대적으로 한정된 몇 개의 기호로부터 현존하는 문법적, 논리적, 역사적 지식의 지속적인 상호 작용하에서 하나의 연관이 인식된다. 논리적 용어로 표현하자면, 이해의 논리적 과정은 귀납, 일반적 진리의 특수 사례에의 적용, 비교 방법의 상호 작용에서 찾을 수 있다. 더 우선적인 과제는 위에서 언급한 논리 조작과 논리적 연결을 가정하고 있는 특수 형식을 찾아내는 일일 것이다.

모든 해석 기술의 가장 어려운 점은 바로 여기서 발생한다. 개별적 단어와 그 결합으로부터 작품 전체가 이해되어야 한다. 개별적인 것의 완전한 이해는 이미 전체의 이해를 전제하고 있다. 이러한 순환은 개별 작품과 원저자의 정신 유형의 발달 간의 관계에서 반복된다. 그리고 그 순환은 같은 방식으로 개별 작품의 문학 사조에 대한 관계로까지 소급된다. 이러한 난점을 슐라이어마허는 플라톤《국가》서문에서 실제적으로 아주 훌륭하게 해결하였다. 그리고 성서 해석 강의 '후기'에 그러한 절차의 몇 가지 다른 예들을 남기고 있다. (그는 가벼운 독서로 비견될 만한 목차의 제목으로 시작하여, 손으로 어루만지듯 전체적 연관을 포괄하고 난점을 해명하였으며, 무엇보다도 남겨둔 부분의 구상에 대한 통찰을 신중하게 지켰다. 그러고 난 후에야 비로소 본격적으로 해석을 시작하였다.) 이론적으로 여기서 누구나 모든 해석의 한계에 부딪치게 된다. 해석은 자신의 과제를 항상 특정한 단계까지만 완성할 수 있다. 모든 해석은 항상 상대적일 뿐이며 결코 완성될 수 없다. 개인은 파악이 불가능하다(Individuum est ineffabile).

슐라이어마허는 해석 과정을 문법적, 역사적, 미학적, 사물적 해석으로 나누는 것을 비판하였다. 이러한 구분들은 단지 해석을 시작할 때 문법적, 역사적, 사물적, 미학적 지식이 거기에 있어야 하며, 모든 해석 과정에 영향을 줄 수 있어야 한다는 것일 뿐이다. 하지만 해석 과정 그 자체는 언어 기호로 정신적 창조를 인식하는 데 포함된 두 측면으로 분리해 낼 수 있다. 문법적 해석은 텍스트의 상호 연결에서부터 작품 전체의 최상의 연결까지도 포함한다. 심리적 해석은 창조적인 내적 과정으로의 전치(轉置)에서 시작하여 작품의 내·외적 형식으로까지 나아가며, 여기서부터 원저자의 정신 유형과 발달 안에서 작품의 통일성을 파악하는 데까지 나아간다.

이로써 우리는 이제 슐라이어마허가 거장답게 해석 기술의 규칙을 발전시킨 지점에 도달하였다. 근본적인 것은 내·외적 형식에 관한 그의 학설이며, 특히 깊이가 있는 부분은 문학사의 오르가논(정수/사고의 방법)이라고 할 수 있는 문필가적 산출에 대한 이론들이다. 해석학적 방법의 마지막 목적은, 저자가 자기 자신을 이해했던 것보다 저자를 더 잘 이해하는 것이다. 이 문장이야말로 무의식적 창조에 대한 학설의 필연적 귀결이다.

6) 결론

결론을 내려보자. 이해는 단순한 언어적 특성과는 달리 보편타당성을 이루는 해석이 된다. 문헌학적 이해가 해석학에서 방법과 법칙적 근거에 대해 의식한다면, 해석학의 실제적 활용은 생생한 연습과 비교해 볼 때 볼프(Wolf)로부터 더 이상 호되게 공격받지 않을 것이다. 그러나 해석 자체의 업무를 위해 해석학을 실제적으로 활용하는 것 외에도 두 번째 주요 과제가 그 안에 놓여 있는 것 같다. 해석학은 낭만주의적 자의성과 회의론적 주관성이 역사적 영역으로 끊임없이 침투해 들어오는 것에 맞서 해석의 보편타당성을 이론적으로 정립해야 한다. 그 위에 모든 역사의 안전성이 기반을 두고 있다. 정신과학의 인식론, 논리학, 방법론을 한데 모아 이러한 해석의 학문은 철학과 역사학 사이의 중요한 매개 고리가 되며, 정신과학 정초의 핵심 부분이 될 수 있다.

2. 수기로부터의 보론(補論)

1) 이해의 인식론적 과제

이해는 인식의 일반 개념의 범주에 속한다. 이때 넓은 의미에서의 인식은 보편타당한 지식을 찾는 과정으로 파악된다.

(문장 1) **우리는 감각적으로 주어진 정신적 삶의 표현을 인식하게 되는 과정을 이해라 부른다.**

(문장 2) **정신적 삶을 감각적으로 이해할 수 있는 표현들이 아무리 다양하다고 하더라도 그 표현의 이해는 이러한 인식 유형의 주어진 조건으로 인해 일정한 공통성을 지닐 수밖에 없다.**

(문장 3) **문자로 고정된 삶의 표현에 대한 기술적 이해를 우리는 해석이라 부른다.**

해석은 개인적인 예술 작품이다. 그것의 완진한 습득은 해석자의 천재성에 달려 있다. 천재성은 가계(家系)에 바탕을 두고 있으며, 저자와의 몰입적인 삶과 지속적인 연구를 통하여 상승된다. 이것은 빙켈만의 플라톤 연구에서뿐만 아니라 슐라이어마허의 플라톤 연구에서도 공통적으로 발견된다. 해석에서의 **예언적**인 능력은 이를 바탕으로 하고 있다. 이러한 해석은 주어진 난이도와 의미에 따라 인류의 추측 불가능한 작업의 대상이 된다. 문헌학과 역사학 전체가 최우선적으로 작업을 전환하게 된다. 이미 익숙해진 학문적 작업에 대한 헤아릴 수 없는 축적을 상상하기란 쉽지 않다. 물론 인류의 이해 능력은 자연 인식과 정복의 힘과 마찬가지로 점진적으로, 법칙에 따라, 서서히 그리고 어렵게 성장한다.

이러한 천재성이 희귀하기 때문에 해석 자체는 보다 덜 재능이 있는 사람들에 의해 행사되고, 학습되는 것이 필연적이다.

(문장 4a) **천재적 이해 기술은 규칙 안에서 확립된다. 그러한 기술이 방법 속에 어떻게 포함되어 있는지 혹은 이러한 기술이 어떻게 그 규칙들을 스스로 의식하게 되는지를 해석자는 알아야 한다.** 왜냐하면 예술가의 삶의 결과를 어떤 형태로든 다음 세대에 성공적으로 전승할 때 인간의 모든 기술은 그것을 활용하면서 정교화되고 고양된다. 이해를 기술적으로 형성하는 수단은 오직 언어가 굳건한 기초를 유지하고 있고, 다양한 해석으로 인해 논쟁이 유발되는 위대하면서도 지속적으로 가치 있는 창조물이 있는 곳에서 생겨난다.

(문장 4b) **이때 보편타당한 규칙을 통하여 천재적인 해**

석을 둘러싼 예술가 사이의 논쟁에 대한 해결책을 찾아야 한다. 고유한 해석 기술을 위해 가장 고무적인 일은 분명 천재적인 해석가나 그의 작품을 직접 대면하는 것이다. 하지만 삶의 유한성으로 인해 우리는 발견된 방법과 그 방법에서 활용된 규칙의 확정을 통하여 방법을 단축하지 않으면 안 된다(4b).

이렇게 해서 해석학의 본질이 규명될 수 있고, 일정한 범위 내에서 그것의 활용이 정당화될 수 있다. 해석학이 이러한 기술학의 대표자 관점에서 바라는 관심 정도를 오늘날 불러일으키지 못하는 것으로 보인다면, 그 이유는 다음과 같은 사실에서 기인하는 것 같다. 즉 해석학이 문제를 다루는 방식에서 오늘날의 학문적 입장을 반영하지 않았고, 대단한 관심을 불러일으킬 정도로 받아들여지지 않은 것이다. '해석학'이란 학문은 기구한 운명을 지녀왔다. 단일한 역사적 현존재의 해석학적 이해를 가장 시급한 학문적 관심사로 만드는 위대한 역사 운동하에서 해석학은 항상 주목을 받았지만 이후에 금세 어둠 속으로 사라져 버렸다. 기독교 성서의 해석이 신교도들에게 삶의 문제가 되었을 때 바로 이와 같은 일이 벌어졌다. 그 이후 금세기(19세기: 옮긴이) 역사의식의 발전과 관련하여 해석학은 슐라이어마허와 뵈크에 의해서 시대를 풍미하였다. 그리고 나는 이러한 문제를 다루고 있는 뵈크의 백과사전이 문헌학의 가장 신성한 위치로 등극한 그런 시대를 살고 있다.

문헌학에서의 해석학의 가치를 볼프가 평가절하한 후, 그리고 실제로 그 이후 해석학은 단 몇 명의 선구자와 대표자를 발견하였을 뿐 곧 사라지게 되었다. 그 당시 해석학에서 작용했던 문제는 새롭고 광범위한 형식으로 오늘날 다시금 우리 앞에 나타났다.

(문장 5) **넓게 보았을 때 이해는 정신과학의 모든 활동을 위한 근본적인 방법이다.**… 자연과학에서 경험 내 측정 가능하고 헤아릴 수 있는 것과 그 안에 포함된 규칙을 통하여 모든 법칙적 인식이 가능하듯이 정신과학에서는 모든 추상적 문장이 체험과 이해로 주어진 영혼의 생동감에 대한 관례를 통하여 정당화될 수 있다.

이해가 정신과학의 근본 방법이라면(문장 6) **이해의 인식론적, 논리적, 방법적 분석은 정신과학의 정초에서 가장 중요한 과제 중의 하나가 된다.** 이 과제의 의미는 이해의 본질이 보편타당한 학문의 실현이라는 관점을 포함한 난점을 의식할 때 생긴다.

누구나 개별 의식의 범주 안에 있다는 점에서 동일하다. 이 의식은 개별적이며, 모든 이해에서 주관성을 공유한다. 소피스트인 고르기아스(Gorgias)는 이미 여기 놓여 있는 문제를 다음과 같이 표현하였다. 만일 어떤 지식이 있다 하더라도 현자는 그 지식을 어느 누구에게 알리지 않을 것이다. 그에게서 물론 사고는 문제와 함께 종결된다. 그 문제를 해결할 필요가 있다. 낯선 것을 파악할 수 있는 가능성은 우선 심오한 인식론적 문제의 하나이다. 하나의 개성이 감각적으로 주어진 낯선 개별적 삶의 표현을 어떻게 보편타당한 객관적 인식으로 가져갈 수 있는가? 이 가능성과 결부된 조건은 다음의 사실에서 찾을 수 있다. 즉 이해 가능한 생동감 안에 포함되지 않는 것은 그 어떤 낯선 개별적 표현에도 나타나지 않는다는 사실이다. 이러한 기능과 구성 요소들은 모든 개별성 속에 내재하고 있다. 다만 그 강도의 정도에 따라 다양한 인간의 본성이 구별된다. 그와 같은 외적 세계는 관념의 세계에서도 투영된다. 생동감 안에 물론 능력이 포함되어 있어야 한다. 결합, 강화, 약화—전치는 전환이다.

두 번째 난문. 부분에서 전체, 전체에서 다시 부분을 이해하는 문제. 전체 작품이 물론 '원저자'의 개성과 그 원저자와 연관 관계에 있는 작품으로 나아갈 것을 요구한다. 다양한 방법은 결국 내가 이전에 이해했던 것보다 훨씬 깊게 개별 작품, 개별 문장을 이해할 수 있게 해준다. 그렇기 때문에 전체에서 이해가 가능하며, 전체는 또 개별적인 것으로부터 이해가 가능하다.

세 번째 난문. 모든 개별적인 정신 상태는 그것을 유발한 외적 자극으로부터 이해된다. 나는 분노를 삶의 해악으로 이해한다. 이것을 고려하지 않고 내 안의 열정을 이해하기란 힘들 것이다. 따라서 환경은 이해에서 필수불가결하다. 극단적으로 볼 때 그러한 설명이 정신과학 영역에서 가능하다면 이해는 설명과 구별되지 않는다. 그리고 설명은 다시 이해의 완성을 위한 전제가 된다.

이러한 모든 문제들에서 나타나는 현상은 인식론적 문제는 항상 동일하다는 것, 즉 경험으로부터 보편타당한 지식을 얻는다는 것이다. **하지만 이때 정신과학에서 경험 본질의 특수한 조건의 문제로 접어들게 된다.** 이 조건들이라 함은 연관 구조가 정신적 삶 안에 생동적인 것으로, 이미 알고 있는 상태로, 개별적인 것으로 존재한다는 점이다.

따라서 정신과학의 입구에는 인식론적 핵심 문제로서 이해의 분석이 자리하고 있다. **해석학이 이러한 인식론적 문제에서 출발하며, 그 최종 목적을 그 문제 해결 과정에서 숨김으로써, 해석학은 정신과학의 구성과 규칙 설정 근거에 대한 현재의 학문을 좌지우지할 만한 위대한 물음과 내적 관계로 접어들게 되었다.** 해석학의 문제와 문장들은 살아 있는 현재가 된다.

이러한 인식론적 물음의 해결은 해석학의 논리적 문제로 귀결된다. 논리적 문제 또한 동일한 것이다. 그것은 물론 정신과학과 자연과학에서 발생하는 동일한 요소적, 논리적 조작 방식이다(분트는 내 입장과 다르지만). 귀납, 분석, 구성, 비교. 이것들이 정신과학 경험 영역 내에서 어떤 특별한 형식을 취하는지가 중요하다. 감각적 과정이 그 데이터인 귀납을 항상 연관 지식의 근거 위에 완성한다. 이러한 연관은 물리-화학적 학문에서는 양적 관계의 수학적 지식이며, 생물학에서는 삶의 목적성이며, 정신과학에서는 정신적 생동감의 구조이다. 이러한 근거는 논리적 추상이 아니라 실재적이며, 삶 속에 주어진 연관이다. 이 연관은 개별적이며, 주관적이다. 이것을 통하여 이러한 귀납의 과제와 형식이 규정된다. 그 이후 언어적 표현의 성질에 따른 논리적 조작들은 더 세밀한 형상을 띠게 된다. 더 좁은 언어 영역하에서 귀납 이론은 언어 이론, 즉 문법을 통하여 구체화된다. (문법에서) 알게 된 연관으로부터, 특정한 한계 내에서 미확정된 (다양한) 단어의 의미와 문장론 형식 요소로부터 규정의 특수한 성질. 개별적인 것을 규정하며, 다른 개별자에 대한 관계를 통하여 자신의 입장을 더 객관적으로 만드는 비교 방법에 의해 개별자를 전체 (연관)으로서 이해하는 방향으로 귀납법이 보완됨.

내적 형식 개념의 형성. 하지만 실제로 '깊숙이 파고 들어가는 것'이 필수적임. 즉 개별 저작의 내적 형식과 이 작품의 연관 배후에 숨어 있는 내적 생동감. 이러한 내적 형식은 작품의 다양한 갈래만큼 다양하게 나타난다. 시인에게 창조적 능력, 철학자에게는 인생관과 세계관, 현실적 인간에게는 현실에 대한 실제적 목적 설정, 종교에서는… (가령 사도 바울과 루터).

이로써 문헌학은 역사 이해의 최상 형식과 연관을 맺음. 해석과 역사적 서술은 열정적 심화의 양면일 뿐. 끝없는 과제.

이렇게 모든 인식에 공통적인 과정과 방법의 조건하에서 구체화의 상호 작용에 대한 연구는 방법론으로 전승된다. 그 대상은 방법의 역사적 형성과 해석학의 개별 영역에서의 구체화이다. 한 가지 사례. 시인의 해석은 특별한 과제이다. 저자가 스스로를 이해한 것보다 더 잘 이해한다는 규칙으로부터 시에서의 이념에 관한 문제가 발생한다. 시는 (추상적 사고로서가 아니라) 작품의 구성 내에 작용하고 있는 그리고 그것으로부터 내적 형식이 파악되는 무의식적 연관의 의미에서 존재한다. 시인은 작품의 조직을 필요로 하지 않으며, 전혀 의식하지 않을지도 모른다. 해석자는 이 점을 강조하고, 그것이야말로 아마도 해석학의 위대한 승리인지도 모른다. **보편타당성을 이끌어내기 위한 유일한 수단인 현재의 규칙 부여는 다양한 영역의 천재 해석자의 창조적 방법의 서술을 통하여 보완되어야 한다.** 왜냐하면 바로 그 속에 추진력이 들어 있다. **정신과학의 모든 방법에서 이것이 실행되어야 한다. 그 연관은 곧 창조적 천재성의 방법이다. 그 방법으로부터 이미 발견된 추상적 규칙은 주관적으로 조건 지어져 있다.** 인식론적 근거로부터 보편타당한 규칙 부여의 도출. 해석학적 방법은 마침내 문학적, 문헌학적, 그리고 역사적 비판과의 연관성을 갖게 되고, 이 전체가 개별 현상의 설명으로 인도된다. 해석과 설명 사이에는 단지 정도상의 차이가 있을 뿐이지 확고한 경계가 설정되어 있는 것은 아니다. 왜냐하면 이해는 끝없는 과제이기 때문이다. 하지만 학문 분야에서는 심리학과 체계에 관한 학문이 추상적 체계로 적용될 수 있다는 점에서 경계가 설정되어 있다.

이해와 가치 부여의 비분리성 원칙에 따라 해석학적 과정과 문예 비평은 필연적으로 관련되어 있으며, 그 과정 안에 내재되어 있다. 가치에 대한 감각 없이 이해는 불가능하다. 그러나 비교를 통해서만 가치는 객관적이고 보편타당하게 파악된다. 이해는 이때 문학의 종류, 가령 드라마에서의 규범적인 것을 파악하게 된다. 문헌학적 비판은 여기에서 출발한다. 적합성은 전체적으로 검토되고, 모순되는 부분들은 제외된다. 라흐만(Lachmann)[35], 리벡(Ribbeck)[36]의 호라티우스 등. 혹은 다른 작품에서는 하

35) 라흐만(Karl Konrad Friedrich Wilhelm Lachmann, 1793~1851): 독일의 문헌학자. 1827년 베를린 대학의 라틴어와 독일 문헌학 교수로 임명되었고, 1830년 프로이센 왕립 학술원 회원으로 추대됨. 그는 특히 야콥 그림과 빌헬름 그림의 절친한 친구였음. 베네케와 함께 라흐만은 역사-비판적 저술 간행의 창시자로 간주됨. 그는 문헌 비판적인 방법을 활용하여 고전 문헌은 물론 고대 독일어 작품들을 주관적인 자의성으로부터 고정된 규범에 따라 엄밀하게 산출하는 전범을 보여주었음. 그는 이루 헤아릴 수 없는 작품들을 출간하였는데, 그중 고전으로는《호머의 일리아드 고찰》(1837)이 있고, 독문학 저술로는《니벨룽겐의 노래》(1816) 그리고 외국 작품의 번역으로는《셰익스피어의 소네트》(1820)와《셰익스피어의 맥베스》(1829) 등이 있음.

36) 리벡(Johann Carl Otto Ribbeck, 1827~1898): 독일 고전 문헌학자. 베른 대학의 교수로 시작하여 나중에 리츨(Rithschl)의 후임으로 라이프니츠 대학의 고전 문헌학 교수를 역임하였으며 그 대학의 총장이 됨. 로마의 시인과 시 예술에 관한 모범적 저술을 남김. 텍스트 비평가로서 엄밀한 기준을 중시하여, 그의 기준에 부합하지 않은 부분은 변형, 전환을 통하여 올바른 이해에 도달하고자 함. 대표작으로는《버질 비판본》(1894~1895)과《리츨 전기》(1879~1881) 등이 있으며, 그의 담화와 강연은 사후(1899)에 출간됨.

나의 규준, 부적절한 작품들은 제외된다. 셰익스피어의 비판이나 플라톤 비판.

물론 '문예' 비평이 문헌학적 비판의 전제가 된다. 왜냐하면 이해 불가능하고 무가치한 것과 맞부딪치면서 비평의 욕구가 생기며, '문예' 비평은 문헌학적 비판의 예술적 측면으로서 보조 수단의 역할을 하기 때문이다. 역사 비판은 미학적 비판과 같이 비판의 한 지류일 뿐 이제 출발 선상에 놓여 있다. 도처에 지속적인 발전이 진행되고, 또 저기서는 문학사, 미학 등이, 그리고 여기서는 역사 서술 등이….

2) 해석학과 인접 학문

뵈크가 정당하게 말한 것처럼, 문헌학은 "인간 정신이 산출한 것들의 이해"이다(《백과사전》 10권). 역설적으로 "가령 인식한"을 덧붙이고 있는데, 이러한 역설은 인식함과 산출함이 동일하다는 그릇된 전제에 기반을 두고 있다. 실제로 산출에서는 모든 정신적 능력들이 함께 작용하며, 한 편의 시나 바울의 편지에서는 인식 이상의 작용을 한다. 그 개념을 넓은 의미에서 본다면 문헌학은 역사적인 것을 이해하는 활동들의 연관과 결코 다르지 않다. 문헌학은 개별적인 것의 인식을 지향하는 연관이다.

일반적 관계 안에서 서술될 수 있는 체제로 보일지라도 아테네인들의 국가 경영 또한 일회적인 것이다. 이들 개념에 놓여 있는 난점은 분과 학문인 문헌학과 역사학의 발달 과정으로부터 해소될 수 있다.

그 자체 가치 있는 것으로서 일회적인 것의 인식과 정신과학의 일반적인, 체계적인 연관 인식 간의 엄밀한 차이를 누구나 인정할 것이다. 이러한 경계 설정은 아주 분명하다. 왜냐하면 두 인식 사이에는 상호 작용이 존재하며 문헌학 역시 정치에 대한 체계적인 인식을 필요로 한다는 점은 자명하다(분트와는 달리).

문헌학은 문필가적 작품 안에 주어진 것의 인식으로서 형성되었다. 유물이 추가되면서 슐라이어마허가 상징적 활동으로 명명하였던 것이 그 대상이 되었다. 역사는 정치적 행위들, 전쟁, … , 헌법 등으로 시작하였다. 문헌학이 **실제적 분과 학문**으로서 고대 국가 유적들을 자신의 영역으로 끌어들이면서 **내용에 따른 분리**의 경계를 넘어서게 되었다. 다른 한편 방법적 활동과 마침내 역사적 서술 간의 구별이 시작되었다. 문헌학이 고대 문학과 예술사를 자신의 영역으로 끌어들이면서 이러한 차이 또한 **실제적 분과 학문**에 의해 극복되었다. **문헌학과 역사학 사이에서 중요한 문제는 경계 설정 문제이다.** 이 문제는 오직 분과 학문의 실제적 관심으로부터 벗어날 때만이 가능하다. 이것을 가장 잘 보여주는 사람이 우제너(Usener)[37]이다.

일회적인 것의 전체 인식 과정을 하나의 연관으로 파악해야 한다면 이해와 설명이라는 언어표현을 구별할 수 있느냐 하는 문제가 제기된다. 이것은 불가능하다. 왜냐하면 연역과 유사한 방법을 통한 일반적 통찰은 모든 이해에서는 전문 지식으로서 분리되지 않은 채 함께 작용하기 때문이다. 심리적으로뿐만 아니라 그 밖의 다른 지식으로. 그것에 따르면 우리는 일련의 순서와 관련을 맺게 된다. 일회적인 것을 일반적인 것으로 완전히 해소하는 일이 불가능하다는 것을 우리가 의식하는 한 설명이라는 표현은 정당하다.

심리적 경험의 숙고가 일반적인 것인지, 그것이 이해의 기저에 놓여 있는지, 혹은 심리학이라는 학문이 이해의 기초가 되는지에 관한 논쟁적 질문이 여기서 생겨난다. 일회적인 것의 인식 기술이 설명으로 완성되며, 심리학은

---

37) 우제너(Hermann Carl Usener, 1834～1905): 독일 기독교 고전 문헌학자이자 종교학자. 1863년 그라이스펠트와 1866년 본 대학 정교수 역임. 고전과 기독교에 관한 다수의 작품을 남김. 대표작으로는 《펠라기아의 전설》(1879),《고대 그리스의 산문 구성》(1887), 《에피쿠레스》(1887) 등이 있음.

다른 체계적 정신과학과 마찬가지로 기초점이 된다. 이 관계를 나는 이미 역사에서 입증하였다.

3) 해석학적 기술학

기술학과 해석 방법 자체와의 관계는 논리학이나 미학에서 볼 수 있는 것과 같이 전적으로 동일한 것이다. 그 방법은 기술학을 통하여 공식화될 수 있다. 이 공식들은 그 방법이 생성된 목적 연관으로 환원될 수 있다. 그와 같은 기술학을 통하여 항상 정신 운동의 에너지가 강화된다. 그 에너지의 표현이 기술학이다. 왜냐하면 기술학이 방법을 의식적 탁월함으로 고양시키기 때문이다. 즉 기술학은 방법을 공식을 통하여 성립 가능한 결과로까지 발전시킨다. 기술학이 방법의 규칙 근거를 인식하게 됨으로써, 기술학은 그것이 행사되는 자기 확실성을 높이게 된다. 더 심오한 것은 또 다른 작용을 통해 이를 수 있다. 이 작용을 인식하기 위해 우리는 개별 해석학 체계를 넘어 그것의 역사적 연관으로 나아가야 한다. 모든 기술학은 특정한 시대에 통용되는 방법에 한정되어 있다. 그것의 공식을 기술학이 발전시킨다. 역사적 사고가 성숙되자마자 해석학과 비판, 미학과 수사학, 윤리학과 정치학은 결국 목적 연관으로부터의 이전의 정초를 새로운 역사적인 정초로 보완해야 할 과제를 안게 된다. 역사의식은 개별 시대의 방법적 한계를 넘어서야 한다. 이것이 가능하기 위해서는 다음의 조건이 충족되어야 한다. 역사의식으로 인해 해석과 비판, 시와 수사성의 목적 연관 내에서 이전의 모든 방향들을 하나로 묶고, 상호 숙고하여 경계를 설정하며, 목적 연관 자체에 대한 관계로부터 그것의 가치를 해명하며, 인간적인 깊이를 충족할 한계를 규정하며, 마지막으로 목적 연관 내에서의 이들 모든 역사적 방향을 하나로 파악하는 것이 가능하다. 이러한 역사적 과업을 위해서 역사적 방향의 축약으로써 기술학의 공식을 고려할 수 있다는 점이 결정적으로 중요하다. 내적 변증법은 바로 방법적 사고를 통하여 하나의 목적 연관이 그 안에 포함된 과제를 풀 수 있는 곳에 존재하며, 이러한 변증법은 방법적 사고가 역사적으로 제한된 방향과 이러한 방향에 상응하는 공식들을 통하여 항상 어디서나 역사적 사고를 지향하는 보편성으로까지 나아갈 수 있도록 해준다. 역사적 사고 자체 또한 시공의 한계를 초월한 사회 안의 인간 행위를 강조함으로써 비로소 창조적이 된다.

이것이 바로 해석학적 기술학의 역사적 연구가 해석학적 방법 연구와 결합되어 있으며, 양자가 함께 해석학의 체계적 과제와 연관이 있다는 관점이다.

제2부
해석학 탄생 이후의 슐라이어마허 해석학

1. 피히테와 해석학의 전환을 가져온 사고 유형의 탄생

1) 발생적 방법의 철학적 준비

모든 학문적 법칙을 최종 원리로 환원시키거나, 개별 학문의 독자성[38]을 위해 아리스토텔레스의 학문 체계를 지양할 필요는 없다. 하지만 우리는 종종 학문의 역사에서 형이상학 자체의 최종 원리를 조망하려는 자신의 모습을 보게 된다.

슐라이어마허 해석학의 근원을 추적함으로써 우리는 피히테의 학문론에까지 이르게 되었다. 이 체계는 주관적 관념론을 완성한 것이다. 다시 말하면 세계를 나로부터 설명하려는 시도를 그 체계가 완성했다는 의미이다. 그와 동시에 모든 감각과 직관, 자주적으로 생산하는 주체로부터 주어지고 존재하는 모든 것의 전체 연관이 파생된다. 주어진 모든 것과 존재하는 모든 것을 하나의 활동성, 즉 활동하는 자아로 드러내는 것이야말로 이 체계의 본질이다. 이 소여성과 존재는 세계의 외부에서는 추적될 수 없

38) oikeion=das Eigentümliche: 고유성, 독자성으로 번역함.

다. 왜냐하면 그 체계에서 결코 외부란 존재하지 않으며, 그것은 의식 자체를 위해서만 존재한다. 오직 의식을 위해서 그리고 의식 내에서 이러한 변화를 설명하는 것이 그 과제이다. "관념론은… 지성의 행위로부터 의식의 규정을 설명한다. 이러한 지성은 의식에 대해 오직 활동적이며 절대적이나 괴로워하는 모습은 아니다. 지성은 행위의 기준에 따르면 최초이자 최고이기 때문에 고통 자체를 설명할 수 있는 그 어느 것보다 선행한다. 동일한 이유에서 지성에게는 본래적 존재나 생존이 부여되지 않는다. 지성은 관념론에서는 하나의 행위이며 절대적 무와 같다. 행위하는 그 어떤 것도 지성을 부를 수 없다. 왜냐하면 이러한 표현을 통하여 그 안에 행위를 포함하고 있는 생존하는 어떤 것으로 의미 해석을 할 수 있기 때문이다[39]." 지성의 행위로부터 의식 내에 존재하는 모든 것을 설명하는 것이 학문론의 과제이다. **학문론은 물론 선험적 사고 법칙에 따른 표상 체계의 구축이다.** 그 구축이란 **모든 표상의 존재 안에서 그것의 생성이 제시**되며, 그 과정에서 자아가 활동적이 되며 부지중에 그 표상을 완성하게 된다. "**기성의, 대상적 존재에 대해서가 아니라 오직 존재하는 모든 것의 생성**

39) 피히테, 《피히테전집》 I, 440쪽.

(존재하는 모든 것의 표상들)**에 대하여 내적으로 우리의 눈앞에서 구성**하는 그때, 오직 바로 그때야말로 우리가 제대로 철학을 하고 있다는 증표이다. 오직 그렇게 함으로써 우리는 생성과 본질에 대한 통찰과 정신의 내적 삶과 참된 삶에 대한 통찰을 얻게 된다."

2) 발생적 방법과 이전 시기의 실용주의적 설명

철학에 아주 새로운 계기를 주었던 일련의 사고들은 인간의 사고권과 정신적 산물의 파악에서 시대를 구분할 정도의 영향을 끼쳤을 것이다.

인간 정신의 내부에 존재하거나 존속하는 것은 없다. 정신적인 것은 모두 정신의 자발성의 결과로서 산출적 자아로부터 파악되지 않으면 안 된다. 그것은 **발생적으로 설명**되어야 한다. 왜냐하면 이러한 기본 시각으로부터 **실용주의적 설명과 발생적 설명 및 해석 간의 본질적 차이가 나오기 때문**이다. **실용주의적 방식**에서는 모든 사고를 하나의 고정된 사물로 간주하며, 다른 고정된 사물이 사고로 전이되어 유입된 것으로 그것을 설명한다. 그럼으로써 그 방식은 인과율의 혼란스러운 탐색으로 전락하게 된다. 발생적 방식은 사고를 즉자적 존재로 간주하지 않는다. 사고는 오직 주체 안에 존재하며, 주체의 자발성으로 설명된다. 여기서 우리는 오해에 빠지지 않도록 주의해야 한다. 앞서 설명한 피히테 명제의 설명력은—우리가 차차 보겠지만, 그것은 해석에도 역사적 작용을 하게 된다—발생적 방법의 규칙을 넘어선다. 주관적 관념론의 견지에서 볼 때 산출하는 자아로부터 표상의 세계가 설명되며, 오직 그것으로부터 세계가 설명된다. 그렇기 때문에 외부의 영향은 정신적인 것에는 전혀 존재하지 않는다. 여기서 그것을 따르는 것은 발생적 방법의 개념 안에 놓여 있는 것이 아니다. 이것은 바로 **표상의 단순한 전이를 부정하는 것이다.** 주체는 실제로 모든 외부의 작용이 동시에 주체의 활동성이라는 의미에서 표상에게는 생산적이다. 이것은 외부에서 들어온 표상이 단지 활동적인 나의 생산을 통해서만 발생하며, 활동적인 나를 통해서 규정된다는 의미이다. 안으로 들어온 표상이 정신에 미친 영향력을 잴 만한 규칙이 있는 것은 아니다. 바로 여기가 설명하고 해석하는 주관성의 발생적 방법으로 하여금 자유로운 활동 여지를 남겨야 하는 지점이다. **그 방법은 한 체계나 한 작가의 모든 사고를 산출물(유사한 재생산)로서 활동하는 주체의 통일성과 관련지으려는 단순한 해석학적 규칙과는 다르다.**

3) 피히테와 슐라이어마허의 관념론

그 시대가 발생적 방법과 접하게 된 것이 피히테의 공이었던 것처럼 슐라이어마허의 역사적-문헌학적 기본 관점은 피히테[40]의 체계와 더욱 밀접한 관련을 맺고 있었다. 자아의 절대적 자발성으로부터 그 체계는 출발하였다. 이 사고는, 그것이 윤리적이건 철학적 형식에서 나온 것이건, 처음에는 형이상학적으로 파악되고 실행되었다. 하지만 이미 다수의 자아에 대한 가정은 주관적 관념론의 결과를 지양하였다. 친숙한 세계관에 맞선 이러한 철학 체계의 최상의 형이상학적 긴장을 그 원저자 자신보다도 다른 사람들이 심각하게 느꼈다. 주관적 관념론이 셸링, 헤르바르트, 슐레겔에 와서 어중간한 지식인이라 불릴 정도의 전환을 겪게 된 것은 자연스러운 일이다. 하지만 누군가 그 체계의 윤리적-심리학적 측면을 붙잡고, 피히테의 자발적 지성의 세계에서 출발했다고 말하는 것 또한 가능한 일이다. 사물의 존재에 비추어 기존의 세계관을 따르는 사람이라면 다음과 같이 말할 것이다: 세계는 존재한다. 하지만 세계는 세계에 널리 퍼져 있는 생산적 지성의

40) 원문 disem을 Fichte로 바꾼 것임.

밝은 지점에 대하여 무와 같다. 세계는—이 점에서 슐라이어마허는 피히테의 비-자아 이론에 매우 근접함—지성의 빛이 교차하는 어두운 경계일 뿐이다[41]. 지성은 유일하게 가치가 넘치는 것이며, 세계는 완전한 무이다. 자신의 고유한 깊이로부터 활동하는 자아는 그가 직관한 전체의 내용을 생산한다. 그것은 자체로 목적이다. 그 자체가 의지이며, 그 자체가 제시이며, 그 자체가 직관인 그것은 자아의 최고의 행위이다.

4) 개별성 개념으로 인도(引導)

이러한 윤리적, 주관적 관념론으로부터 개별성의 원리가 두드러지긴 하지만, 피히테의 철학에는 그것에 관한 추동력이 들어 있었다. 다시 말해서 피히테는 그러한 방향으로의 첫걸음을 내디뎠던 것이다. 동시에 피히테의 첫 윤리적 작품인 《학자의 규정에 관한 강연》(1794)에서 우리는 그가 이러한 방향에 서 있다는 것을 볼 수 있다. 인간은 존재하며, 절대적이며, 자체 목적을 지니고 있다. 하지

41) 슐라이어마허의 《독백(Monologen)》은 다분히 주관적 관념론의 경향성을 지니고 있다. 가장 분명한 것은 《독백(Monologen)》 1 A, 15쪽 이하(피히테, 《피히테전집》 III 1, 356쪽 이하): "자신의 의지로 인해 세계는 정신을 위하여 존재한다."

만 인간은 **어떤 것**이다. 그의 목적은 그가 어떤 존재로서 존재하느냐에 의해서만, 즉 "오직 그가 그 자신이기 때문에"[42] 존재할 수 있다. 자기 자신으로부터 인간은 스스로를 규정하며, 이러한 규정의 법칙을 자기성의 법칙 이외의 다른 어느 곳에서 찾을 수 없다. 여기서 자기성은 물론 영원히 지속되는 것으로 간주될 수 있다[43].

실러는 그 당시 자신의 친구였던 피히테 최신작의 이 문장을 미학적 교육 집필의 출발점으로 삼으면서 다음과 같이 자신의 입장을 간결하게 정리하고 있다.

"모든 개별적 인간은 소질과 규정에 따른 **순수하고 이상적인 인간을 자기 안에** 품고 있다고 말할 수 있다. 인간 존재의 위대한 과업은 모든 다양한 변화와 그러한 순수하고 이상적인 인간의 변치 않는 통일성 간의 조화를 이루어 내느냐에 있다[44]."

---

42) 피히테, 《피히테전집》 VI, 296쪽.

43) 피히테, 《학자의 규정에 관하여, 첫 번째 강의: 인간 자체 규정에 관하여》, 《피히테전집》 VI, 293~301쪽.

44) 실러, 〈미적 교육에 관한 네 번째 서한〉[괴데케(Goedecke) 편, 〈소품집과 혼합된 내용 II〉, 《실러 전집》 14권, 코타 도서관, 107쪽]. 각주: "나는 여기서 내 친구 피히테의 최근 간행된 저작 《학자의 규정에 관하여》를 관련짓고 있다. 여기서 나는 매우 지혜가 넘치는, 이 방면에서 아직껏 수행되지 않은 이 문장의 서문을 발견하게 된다."

피히테는 자신의 윤리학에서 말하기를, "나는 자유로운 존재이며, 내가 스스로를 그렇게 만들기 때문에 내가 된다"[45]. "내가 믿는 내 자신 안의 목소리와 그것을 위해 나는 내가 믿는 다른 모든 것을 믿는다.… 이러한 양심의 목소리는 나로 하여금 내 존재의 특수한 위치에서 내가 무엇을 해야 하고, 하지 말아야 할 것인지를 명한다. 양심의 목소리를 듣고, 양심을 성실히 준수하며, 그것에 한 점 부끄러움이 없으며, 두려움이나 현학에 굴복하지 않는 것이야말로 나의 유일한 규정이자, 내 존재의 모든 목적이다[46]."

하지만 절대적이며, 완전히 자율적인 자기 규정이 피히테에게는 항상 보편타당한 윤리 법칙으로 되돌아간다. 그것은 법칙의 내용을 고려하지 않고, 단지 주관적으로 그것의 자유로운 원천만을 고려한 것과 같다. 바로 이 지점이 슐라이어마허의 내적 본성이 피히테의 체계를 개조하면서 공격해 들어가는 부분이다. 자아가 개성으로, 원천의 주관성이 내용의 주관성으로 바뀌게 된다. 슐라이어마허가 자신의 독백에서 고유한 내부로의 자성(自省), 윤리

45) 피히테, 《피히테전집》 IV, 222쪽.

46) 피히테, 《피히테전집》 II, 258쪽.

적인 것이 시작되는 사행(事行)에 대해서 언급하는 대목은 마치 피히테의 언어와 흡사하다. "마음의 내면으로부터 그 어떤 덕론(德論)이나 현자의 체계에서 나올 수 없는 고귀한 계시(啓示)가 나온다. 이것, 혹은 저것으로 충족할 수 없는 오랜 탐구 끝에 밝은 순간의 영광이 찾아온다. 자유는 행위를 통하여 어두운 의심을 해소한다[47]." 하지만 여기서 발견했던 것은 개별성에 대한 생각, 즉 그 안에 살아 있는 이상이었다.

5) 미적 세계관과 개별성의 원리

자기가 없는 사물의 세계에서, 밝은 지점과 같이 개별성들이 유일하게 가치 있는 것이며 자기 목적이라면, 인간의 지성은 분명 상호 표상(表象)하는 두 단자(單子)들 사이에서 라이프니츠의 아름다운 꿈이 설정하는 경이로운 놀이임에 틀림없다. 이때 각각의 모든 단자에서는 단자의 전체 우주가 비추이게 되며, 인간의 지성은 진리를 향한 정신 안에서 그러한 놀이를 한다. 인간의 지성은 개별성들의 우주를 자기 안에 생생하게 지니고 있어야 한다. 인간의 지성은 오직 스스로를 직관하면서, 자기의 고유한 생

47) 《독백》, 35쪽(제1판); 피히테, 《피히테전집》 Ⅲ 1, 365쪽.

각을 인식하고 자기 안에 표현하면서, 다른 개별성을 직관할 때 자기 스스로를 보완하면서, 그리고 인류의 사고로 확장할 때 완성된다. 피히테의 자아의 경우 모든 여타의 지성들은 고유의 도덕 법칙을 실현하기 위한 순수한 질료였다. 그러한 이유는 도덕 법칙에서 절대적인 것은 일반적이고 필연적인 형태로 나타나기 때문이다. 슐라이어마허의 개별성에서는 그러한 지성은 개별성의 아이디어를 넘어선 인류의 아이디어로의 필연적 보완의 의미를 지니게 된다. 왜냐하면 개별성의 대 우주에서만 인류의 아이디어가 발현되기 때문이다. 여기서 분명해지는 것은 **인간 세계의 미적 직관**이다. 왜냐하면 윤리적인 것은 여기서 결코 즉자적인 것도, 초월적이거나 일반적인 것도 아닌 개별성 안에서 발현되는 아이디어일 뿐이기 때문이다. 마찬가지로 그것은 결코 미적 형식을 띠지도 않는다. 왜냐하면 우리는 아이디어의 발현된 형태, 미적 형식, 절대적으로 주도적인, 순수하고 온전한 아이디어에 의해 형성된 형식을 형식이라 부르기 때문이다. 하지만 단지 거기까지만 윤리적인 것의 직관이 순수하게 미적이다. 왜냐하면 슐라이어마허가 무한한 개별성의 다양성 속에서 도처에 현존하는 인류의 아이디어에 대한 계시(啓示)를 통찰할 때 사변적이거나 종교적 아이디어가 여기서 미적 직관과 연결

되기 때문이다. "개별적인 것에 작용하지만, 너희들의 숙려(熟慮)와 함께 종교의 나래를 타고 끝까지 잘게 쪼개지지 않는 인류로 비상한다[48]."

무수한 형태를 조각하는 예술가와 같이 그에게 인류의 정신이 나타난다. 정신의 모든 형태와 단계의 잴 수 없는 영역에 대한 통찰이 스스로를 사고하면서 사라지지 않고서는 결코 인류를 생각할 수 없다[49]. 이러한 직관은 모든 가능태와 이념들의 실현으로서 정신적 우주의 아이디어 속에서 완성된다. 그를 가장 잘 드러내주는 것으로서 슐라이어마허는 "인간은 누구나 고유한 방식으로 인류를 나타내며"[50], 그와 함께 무한한 공간과 시간 속에서 가능한 모든 것을 실현한다고 표방하고 있다[51]. 왜냐하면 사고의 풍부함과 다양성을 우연에 맡겨 생각해서는 안 되며, 세계의 내적 법칙으로부터 그것이 나와야 하기 때문이다. 이러한 생각 속에는 두 가지 계기가 들어 있다. "가능한 모든 것": 이것은 이상적-현실적 체계에서는 오직 무제한적

48) 《고함》, 90쪽.

49) 《독백》, 42쪽 참조(제1판); 피히테, 《피히테전집》 Ⅲ 1, 368쪽 이하.

50) 《독백》; 피히테, 《피히테전집》 Ⅲ 1, 367쪽.

51) 《독백》; 피히테, 《피히테전집》 Ⅲ 1, 368쪽 이하 참조.

주체가 존재한다는 것을 나타낸다. 그 생각이 특이한 점은 자기 안에 놓여 있는 것의 순수한 구현으로서 그 어느 것도 절대적인 것에 맡겨서는 안 된다고 본 점에 있다. 즉 그것은 **미적 도야의 표현에 대한 생각을 그 행위에 적용했다는 데 있다.** 그리하여 사물의 미적 직관은 그것의 기원에 대한 첫 포착(捕捉)에 이르기까지 거슬러 영향을 미친다. 왜냐하면 부지중에 널리 형성되는 상상력을 통하여 시로 하여금 형태의 통일성, 즉 단순한 총합이나 한정 없는 다양성의 의미가 아닌 그런 통일성을 도처에 알리려고 한다면, 사변적 혹은 종교적 사고 안에서 완성되는 미적 직관은 세계의 전체를 규칙에 따라 형성된 것으로 바라보려 할 것이 때문이다. 그 규칙에 따라 미적 직관 자체에서 알지 못하는 사이에, 내재하여 발전하는 욕구를 통하여 형태와 형식이 형성되는 것처럼 보인다. 시적 혹은 형성하는 내적 힘, 즉 다른 외부의 법칙이나 선험적 목적에 의해서가 아니라 오직 발전, 표현 그리고 가능한 모든 것을 실현하려는 영원한 것에 의해서만 움직이는 힘에 대해서 내가 말하는 것은 시적 직관에 대해서 마치 영혼을 불어넣는 것과 같다[52].

52) 실러, 〈미적 교육에 관한 열한 번째 서한〉(괴데케 편, 〈소품집과 혼

종교적이며, 깊은 본성을 가슴속에 품기 위하여 신비주의적인 어둠과 현세에서 신적인 것을 보고, 소유할 수 있는 초인적 욕구를 필요로 하는 직관. 어두운 욕망에서 가능한 것을 차별적으로 형성하는 이러한 힘, 이 힘으로 우리는 가장 어려운 순간에서도 인간 정서의 풍부함을 달성할 수 있다. 하지만 예로부터 미적 본성은 그것을 움직이는 최고의 질풍노도에 비유하여 영원한 것을 사고하려고 하였다. 슐라이어마허 또한 미적 삶의 심연의 부분을 지니고 있었다. 이때 세계 안에서의 사고의 직관은 종교적이 된다. 그리고 종교는 본질적으로 실제 안에서 이상적인 것의 현존에 대한 믿음과 헌신이 된다. 신적인 것으로부터 벗어나 가능한 것을 차별화하면서 형태의 통일성과 절대적인 것의 심연 안에서 영원한 힘에 대한 경건함을 느끼는 순간 그것을 파악하는 것, 이것이야말로 《독백》의 세계관에서 유래하는 《고함》에 들어 있는 **슐라이어마허가 파악한**[53] 종교에 대한 본질이다.

합된 내용 I〉, 《실러 전집》 14권, 132쪽):"능력의 절대적 고지(모든 가능성의 실재)와 현상의 절대적 통일성(모든 실재적인 것의 필연성)"을 실러는 "신성(神性)의 본래적 특징"으로 부르고 있다.

53) 원문 '이러한 입장, ~의 종교에서'를 딜타이 전집 편집자가 바꾼 표현임.

6) 일반 운동과의 연관

이러한 세계관을 미적 개념과 관련지을 경우—이 연결이 슐라이어마허의 문헌학적 방법의 발생을 이해하는 데 본질적이긴 하지만—소위 미적 도야로 의미가 확장된 것과 관련짓지 않는다면 내게는 가장 좋을 것이다. 왜냐하면 여기서 이야기하고자 하는 바는 높은 교양이 있는, 이념의 발달에 결정적인 세계관이다. 이러한 세계관은 첫 《학문론》(1794)의 출간과 함께 정점에 달한 철학적 부흥과 국민문학에서 나온 것이다. 그 선구자는 헤르더(Herder)와 빙켈만(Winckelmann)이었으며, 그리고 나는 주저 없이 19세기 초반부까지 이어지는 이 시기의 위대한 인물로 빌헬름 폰 훔볼트, 셸링, 괴테, 실러를 그 범주에 넣는다. 슐라이어마허의 고유한 위치를 피히테와의 비교 서술에서보다 더 큰 일반적인 학문적-예술적 운동의 전체로 파악해 볼 수 있다. 그러기 위해서는 이러한 서술의 좁은 통로가 그 시대의 일반적인 운동에 대한 피상적인 고찰 이상을 허용한다는 전제하에 입증할 만한 구절을 모아 두는 편이 나을 것이다. 왜냐하면 슐라이어마허의 학설은 우리가 앞서 미적 직관의 운동으로 불렀던 운동의 일반 개념 속으로 용해되어서는 안 되며, 그토록 자주적이며, 그

토록 독창적인 정신을 역사철학적인 "시대정신" 안에 자리 매김할 수 없기 때문이다. 하지만 정신적으로 사유하는 삶과 개인적 존재의 일반적 특성 간의 끊임없는 상호작용에 모든 역사와 모든 인간의 작용이 기반을 두고 있다. 바로 그러한 이유로 인해 우리는 사물의 내적 형식의 직관을 지향했던 유사한 정신의 범주 안에 그를 자리 매김하였던 것이다. 인간 정신의 내적 형식이 그에게 본질적이었다는 사실은 그를 다른 사상가들과 구별해 준다. 자세히 고찰해 보면 그의 세계관은 논쟁의 여지없이 슐레겔이나 빌헬름 폰 훔볼트의 그것과는 사뭇 다르다. 이들의 세계관에 관해서는 슐라이어마허의 해석학적 노력과 이들의 언어철학적 노력의 유사성이 조망될 수 있도록 앞으로 중요하게 다루게 될 것이다. 이들과 마찬가지로 슐라이어마허는 미적 직관에 의거하여 산출의 한계에 대해서는 유동적인 입장을 보이고 있다. 왜냐하면 인간 정신의 본질적 형식에 대한 직관이 예술적 표현의 원동력이 되기 때문이다. 하지만 그 표현은 본질적으로 내적 삶의 고찰과 관련이 되어 있다.

7) 이 원리를 삶과 연구에 적용함

이 시기 슐라이어마허는 오랫동안 소설의 구안에 골몰

하게 된다. 그는 오직 소설로써 사랑, 결혼 그리고 우정에 관한 종교적 생각들을 표현할 수 있다고 보았기 때문이다[54]. 1800년까지도 그는 매우 신중하게 이 소설에 관하여 언급하고 있다. "그것은 내가 인간, 인간의 삶에 관해서 이해할 수 있다고 믿는 모든 것을 포함해야 한다[55]." 그가 그러한 생각을 하게 된 이유는 훔볼트와 마찬가지로 인간의 직관으로부터 매우 신중한 일을 하고자 한 것과 연관이 있다. 고유한 개별성 안에서 나를 표현하는 것과 같이 타자 안에서 나를 직관하는 것은 하나의 윤리적 활동이 된다. 왜냐하면 단지 그렇게 함으로써 나는 인류의 직관에 도움이 된다. 그러므로 우리는 이러한 범주 안에서 고유한 내면을 끊임없이 성찰하는 것과 동시에 친구의 내면을 직관하려는 결코 채워지지 않는, 거의 종교에 가까운 동경을 볼 수 있다. 왜냐하면 위대한 예술적 힘과 인류 자체에 대한 관념은 개별 인간의 가장 깊은 내면성 안에서, 헤아릴 수 없는 변형을 통해서 발현된다. 유기적 존재와 같이 이러한 관념의 씨앗에서 개별성이 형성된다. "나는 실제

---

54) 《편지》 I, 230쪽. 그 계획은 그 시대 첫 작품을 거슬러 올라가는 것처럼 보인다.

55) 《편지》 I, 252쪽.

적이고 진실한 인간에게는 항상 그 안에 무엇이 있으며, 어떤 것이 그의 본성에 속한다는 전제하에서 출발한다[56].” 그는 우정 안에서 거장이 되는 느낌을 갖는다. 왜냐하면 그에게 거장의 존재는 이러한 직관에 기반을 두고 있기 때문이다. 그는 슐레겔이 애써 자신의 “중심”을 찾는 데서 역설적 기쁨을 느낀다. 그는 간간이 친구들에 대해서도 똑같은 노력을 경주하였다. 이러한 관계에서 가장 특징적인 것은 슐레겔이 자신을 방어하는 방식이다. “나는 그의 존재, 시작(詩作), 행위 전부의 중심점을 단지 매우 위대한 것, 매우 희귀한 것 그리고 본래적 의미에서 아름다운 것으로 인식하였다. 그것과 함께 나는 어떻게 실수, 모순, 부정의로 여겨지는 모든 것과 세계에 대한 그의 변치 않는 입장이 일부의 파손도 없이 아주 자연스럽게 관련을 맺는지를 알고 있다… 나는 그 사람 안에 들어 있는 이상을 사랑하지 않을 수 없다[57].” 개별성의 직관과 그 안에 담겨 있는 사고로의 방향 전환은 그를 필연적으로 윤리적 철학과 예술의 중심으로 이끌었다. 슐라이어마허의 저작 《고함》과 《독백》은 이를 잘 보여준다. 그를 강하게 사

56) 《편지》 I, 281쪽.

57) 《편지》 I, 332쪽.

로잡은 것은 또한 플라톤 대화의 예술적 형식이었다. 그는 소설의 형식을 포기한 이후 오랫동안 윤리적 직관을 이 안에 표현하려는 생각을 하였다[58]. "품위에 관하여"라는 대화편에서 그는 이러한 기념비적 시도를 하였다. 하지만 그 어떤 풍부하고 진지한 정신의 소유자라 할지라도 이들 두 요소를 좁은 끈으로 단단히 묶는 것은 거의 불가능한 일이었다.

8) (해석학의: 옮긴이) 탄생에서 문헌학적 재생산으로의 전환

자신의 청년기를 화려하게 장식했던 예술적 형식을 나름대로 완전히 숙달한 후 그는 힘차게 재생산으로 방향을 전환하였다. 그의 유고집에서 가령, 그리스 시가집과 같은 수많은 번역 습작들이 발견된다[59]. 그는 또한 슐레겔의 의미에서 철학적-예술적 재생산이었던 비판을 이러한 방식으로 다루었다. 이러한 유형의 탁월한 예가 바로 루신데(Lucinde)에 관한 친밀한 편지와 아테네 신전의 〈인간 규정(*Bestimmung des Menschen*)〉 서평이다. 여

58) "품위에 관하여", 〈두 번째 대화〉, 《편지》 IV, 503~533쪽. 또한 《편지》 III, 177쪽 이하 참조.

59) 《편지》 III, 364쪽.

기서 이미 슐라이어마허의 플라톤 번역에서 대단히 선호했던 방법이 주를 이루고 있다. 그 방법은 전체를 어느 정도 다양한 관점에서 받아들임으로써 결국 부분들의 전체적 조망으로부터 전체적 직관이 가능하도록 전체에 대한 밑그림을 그리는 것이다[60].

그 자신은 전체의 직관을 추구하면서 이렇게 서서히 진행되는 주의 집중을 재생산의 특징으로 강조하였다. 그는 빌리히(Willich)에게 다음과 같이 적고 있다. "어떻게 나의 서서히 진행되는 주의 집중이 너에게 일면적 주의 집중에 대한 두려움을 줄 수 있었을까? 오히려 나는 이러한 느림을 통하여 그러한 두려움으로부터 가장 잘 보호할 수 있다. 왜냐하면 이 느림이란 다음의 격언과 다를 바 없기 때문이다. 즉 모든 부분들은 단지 하나의 부분이며, 그것을 올바로 이해하기 위해서는 많은 부분들을 필요로 한다. 직관이 완성되기까지 조용히 기다려야 한다[61]." 그에게 본질적인 것은 부분들로부터 전체가 영혼 안에서 생겨나는 순간이다. "누군가 책을 단지 오성으로만 읽는다면

60) 그는 자신의 재구성적 비판 능력을 매우 강하게 느껴, 슐레겔과 함께 이러한 비판에 착수할 계획을 세우게 된다. 《편지》 III, 182쪽 이하.

61) 《편지》 I, 280쪽.

그것은 비극적인 일이다. 그것은 독자나 책 모두에게 도움이 되지 않는다. 하지만 상상력을 동원한 더 큰 이해가 가능한 사람은 그가 원하기만 한다면 더 작은 이해 정도는 쉽게 습득하거나 가볍게 생략할 수도 있다[62]."

이러한 방법과 외적으로 반대되는 입장에 18세기의 심리적 설명이 자리하고 있었다. 그 입장을 그는 격렬하게 반대하였다. "설명 심리학, 모든 오성 종류의 이 걸작품은 무절제로 소진하였고, 거의 모든 거장들을 죽음으로 내몰았고, 그렇게 하여 이 분야에서 산술적인 오성은 다시 순수 지각의 영역을 빼앗아버렸다[63]." 그는 우리가 가르베(Garve)로부터 인용했던 자기 성찰을 그 자체로 미적이며, 이해 가능한 내적 연관으로부터 개별자가 파악되는 해부학 강연과 비교하고 있다. "이러한 성찰에서 내적 삶은 사라지게 된다… 인간은 예술 작품과 같이 스스로를 던진

---

62) 《편지》 I, 314쪽의 〈루신데에 관한 서한〉, 1쪽 참조; 피히테, 《피히테전집》 III 1, 423쪽: "너는 내가 얼마나 조심스럽고, 사려 깊으며, 경건하게 고유한 존재로서 나에게 나타나는 모든 것－인간, 사상, 완성된 작품－을 대하는지, 내가 하나의 통찰이나 판단으로 과감히 나아가기 전에 **얼마나 오랫동안 그리고 인내심을 가지고 직관에 머물러 있는지**를 안다."

63) 《고함》; 피히테, 《피히테전집》 I 1, 299~300쪽.

다."(《그리스 신화 단편》 I 2, 96쪽) 그 뛰어난 단편은 슐라이어마허에 의해서 보존된다.(《편지》I, 317쪽)[64] 가르베에 관한 메모에서 그는 단순히 주어진 부분들의 모든 부분에서 즉시 해소되어야 할 온갖 다양성을 유지하는 이러한 잘게 쪼개기 현상에 대해 항변하고 있다. 그럼으로써 그는 아주 정확히 이러한 반대 입장을 표방하는 사고의 화학적 현상에 관한 단편의 대중적 생각과 관련지어 그와는 달리 내적인 것의 진정한 재생산에 관하여 종합적으로 자신의 의견을 피력하고 있다. 한 가지 특징은 "내적으로 서로 다른 구성 요소들을 전체로부터 분리하여 양적 관계로 표현한 다음 그 연관의 내적 원리와 개별성의 가장 깊은 비밀을 찾아 개인을 예술적 방식으로 재구성하는 것이다. 그것은 오직 개인의 다양한 모습들을 연결하고, 그전에 개인 내의 다양한 모습들이 어떻게 서로 연결될 수 있을까에 대해서 어느 정도 성찰한 연후에 비로소 가능하다[65]."

개성과 작품에 대한 직관의 숙련된 방법을 이념으로부터 살펴보았으니, 이제 우리의 시야를 역으로 해석학적 원

---

64) 《그리스 신화》 1권 2호 (Darmstadt: Wissenschaftliche Buchgesellschaft, 1960), 272쪽.

65) 《피히테전집》 Ⅲ 1, 512쪽 이하.

리가 발생했던 발달로 돌려보자. 정신과학을 지향하는 19세기 모든 노력의 시발점에서 우리는 항상 칸트의 비판과 피히테의 학문론과 같은 청동 문을 보게 된다. 그와 마찬가지로 더 이후에 슐라이어마허의 윤리적 사유 양식으로부터 시작하여, 위에서 서술한 직관이 윤리적 행위의 영역으로 발전하게 되었다. 그 직관은 종합적 사유 방식과 나중에 좀 더 자세한 설명이 필요한 해석학적 원리가 되기 위해서는 오직 학문적 대상에 대한 열정적이고 강인한 훈련을 필요로 한다. 왜냐하면 그 원리는 한 체계의 핵심 열쇠와 같은 것이다. 그것의 가치와 결과는 오직 그것의 발생을 탐구한 후에 볼 수 있다.

다음에 우리가 살펴볼 내용은 슐라이어마허가 **이러한** 직관의 방법을 문헌학적 재생산에 적용하려고 시도하는 부분이다.

2. 슐레겔, 그리고 이러한 생각을 비판과 문헌학에 적용

1) 낭만주의 선구자로서 프리드리히 슐레겔

자신의 문헌학적 기술 방법을 발전시키는 데 있어 슐라이어마허는 이제까지 단지 가볍게 언급했던 인물(프리드리히 슐레겔: 옮긴이)과의 개인적 교제에서 대단한 자극을 받았다. 그 인물의 숨겨진 역사적 의미는 바로 이 점에 있었다. 자신의 형인 아우구스트 빌헬름보다 더 훌륭한 동시대인 빌헬름 폰 훔볼트와 같이 그는 철학적, 미학적 생산에서 재생산으로의 전환을 표방하였다.

이로써 그는 실러의 철학적 저작에 나타난 경향을 받아들이고 있다. 그는 빙켈만과 헤르더의 노력들을 계승하는 사람이 되고자 하였다. 이들과 같이 그는 자신의 재생산을 매개로 산출에 활력을 불어넣을 수 있기를 희망하였다. 실제로 그는 신선한 산출의 시대를 마감하고, 열정적으로 새로운, 재창조하는, 미학적인, 문학사적인, 문헌학적-재생산의 노력들을 자극하였다. 그 자신이 선구자였던 낭만적 운동을 통하여 크로이처(Creuzer), 사비니(Savigny), 그림(Grimm), 보프(Bopp)와 같은 사람들은 새로운 자극을 받았다. 그는 문학사를 학문적으로 정립하였으며, 독일인 가운데 최초로 인도 연구와 비교 언어학을 시작하였고, 신화학(Mythologie)에 동양적 소재를 끌어들였다. 그는 회화사, 건축술, 독일 중세 시학과 문화 전반에 거쳐 다방면으로 자극을 주었다. 조화의 지속적인 운동성과 평이성으로부터 그에게 수공적 학문 생산의 저변에 흐르는 금속 광맥을 볼 수 있는 놀라운 시야가 생겨났다. 하지만 이러한 타고난 천성과 문학적 입장은 운명적이었다. 그것은 동시에 발견한 광맥을 채굴할 수 있는 깊이를 놓치고 말았다.

2) 슐레겔과 슐라이어마허의 관계

슐라이어마허는 그와 같은 인물을 필요로 하였다. 헤겔이 그랬던 것처럼, 슐라이어마허는 슐레겔과 같이 정신의 보편성을 추구하였고, 그와 기본 생각을 공유하면서, 가장 결정적인 시기에 슐레겔과 교제를 통해 발전하였다. 가장 결정적으로 슐레겔이 슐라이어마허에게 영향을 준 것은 새로운 직관에서 비롯된 광범위한 문헌학적 기술을 구안하여 정신적으로 풍부한 기본 방침을 이끌어냈고, 문헌학적-비판적 기술의 이론을 표현해 주는 학문을 시사해 주었다는 점이다. 여기서 우리는 슐라이어마허의 해석학적 기술 및 이론의 시작과 대면하게 된다. 여기서 또한 슐라이어마허나 피히테와 같이 좀 더 오래된 해석학적 체계를 연결해 주는 두 번째 매개체를 만나게 된다[66]. 자신의 철학적 입장이 피히테를 넘어서 형성되었던 것처럼, 슐라이어마허는 관념으로부터 타자의 개성을 설명하는 것으로서 해석학적 행위의 윤리적 필연성을 자각하게 되었다. 반면 슐레겔에서는 산출 이론의 형성 지점에 있는 미적 해석의 숙련된 방법을 접하게 된다. 그러므로 이 사람의 해석학적 사유는 피히테의 보편적 세계관과 슐라이어마허의 해석학적 이론 사이의 본질적 매개물이다.

3) 하나의 전체(全體)로서 문학

근본적인 생각은 문학이 "위대하며, 시종일관 하나로 연결되어 있으며, 동일하게 조직되어 있고, 통일성 안에 다양한 예술적 세계를 포함하고 있는 전체이며, 고유한 예

---

66) 프리드리히 슐레겔의 발전 과정을 추적해 보는 일 또한 흥미로울지 모른다. 즉 그가 어떻게 볼프(Wolf)의 호머 연구와 실러의 미적 저술들에서 출발하여, 피히테, 셸링, 괴테의 영향을 받아 그 자신의 고유한 과제와 방법을 형성하게 되었는지를 살펴보는 일이다. 이 작업은 이 자리에서는 너무 멀리 벗어나 있는 것 같다. 그러므로 여기서는 그의 관점을 완성된 전체로 살펴보는 방식을 택하고자 한다.

술 작품"[67]이라는 점이다. 문학이 미의 관념을 하나의 고유한 측면에서 구체화함으로써 미적인 것의 관념은 전체를 이루는 주요 형식으로 나타난다. 서로 다른 시기를 구분할 수 있는 것은 바로 미적 관념에 의해서이다. 그는 이미 《그리스 시 연구》(1795~1796)[68]에서 비슷한 시기에 출간된 실러의 저작 《순박한, 감성적인 시》(1795)의 영향하에 이러한 대립을 이상적으로 아름다운 것과 특징적이며 철학적 경향이 있는 흥미로운 것의 대립으로 규정하려고 시도하였다[69]. 《학당(*Lyceum*)》의 단편들에서 이미 그 **대립**은 위치가 바뀐다[70]. 그는 그 작품의 "혁명적인 객관성의 광기"를 조소하며[71], 고대인들에 대해 부정적인 서술은 철저하게 하지 않고 있음을 알게 된다[72]. 그에게 낭

---

67) 슐레겔, 《레싱의 정신》 II(1810), 13쪽.

68) 슐레겔, 《전집》 V.

69) 슐레겔, 《전집》 V, 56쪽 이하.

70) 원래는 'derselbe(그것은)'였음.

71) 슐레겔, 《아름다운 예술의 학당》(berlin, 1797) 제1권 제2부, 150쪽.

72) 슐레겔, 《아름다운 예술의 학당》 제1권 제2부, 134쪽: "그리스 시 연구에 관한 나의 시도는 시에서의 객관적인 것을 추구하기 위하여 산문 안에 *기교적 송가* 형태를 띠고 있다. 여기서 가장 나쁜 점은 필수불가결한 역설이 전체적으로 결여된 점이고, 가장 좋은 점은 시가 마치

만적 시 예술의 길이 열리고, 삼단 논법이 생기게 된 것이다. 그리하여 문학 전체의 미적 구성이 지속적으로 발전하게 되지만, 유감스럽게도 애매모호함으로 인해 자신의 문학사에서는 불명료한 종결을 맞이하게 된다.

4) 학파

이러한 대다수의 일부는 다시 그 자체로 고유한 미적 관념을 개별 형식의 계통적 구조 속에서 구체화하는 하나의 "예술 세계"가 된다. "그리스 시를 전체로 산출하는 자연 자체는 이러한 전체를 몇 개의 커다란 덩어리로 나누고, 가벼운 조직으로 전체를 하나로 묶는다." "이러한 구분과 연결"을 표현하기 위하여 그는 "조형 미술로부터 '학파'라는 표현"을 차용했다고 설명하고 있다. "이 표현은 도처에서 규칙적인 양식의 균일성을 나타낸다. 이러한 균일성으로 인해 어떤 문학 양식이나 일련의 예술가들이 여타의 존재로부터 구분되며, 예술적인 전체를 형성하게 된다[73]." 더

완성된 것과도 같이 무제한적 가치를 지니는 것으로 신뢰성 있는 전제를 보이고 있다는 점이다." 135쪽: "천재성, 힘 그리고 솜씨가 지닐 수 있는 것만큼 충실한 것은 없다. 이때는 고대인에 반해서도, 또 특히 시에 반해서도 서술되지 않는다."

73) 슐레겔, 《전집》 IV, 6쪽.

구나 고대 그리스 분야를 다루었던 초창기 저작에서 그는 자신의 위대한 스승인 볼프가 그리스 서사극에서 발견한 관계의 이러한 일반화를 열정적으로 숙련하였다.

5) 개별 작품

이러한 분석적 과정을 거쳐 이르게 되는 최후의 전체는 개별 작품이다. 슐레겔이 새로운 작가들을 관찰하면 할수록 전체로서 개별 작품을 바라보게 되었다. 완결에 가까운 그의 유일한 작품들, 《보카치오의 시적 작품에 관한 소식》(1801)[74]과 《빌헬름 마이스터의 특징》 등이 그런 관찰을 시도하고 있다. 왜냐하면 여기서 정신적 작품의 가장 깊은 내면으로 파고드는 과제에 집중하고 있으며, 슐레겔의 지속적이면서 추진력 있는 노력은 이 점에서 실제로 놀라운 것이며, 광범위한 영향력을 미치고 있기 때문이다.

"모든 이해의 첫 번째 조건-슐레겔은 여기서 출발하고 있다-그리고 또한 예술 작품에 대한 이해의 첫 번째 조건은 전체의 직관이다[75]."

---

74) 슐레겔, 《전집》 X, 3~36쪽.

75) 슐레겔, 《레싱의 정신》 I, 29~30쪽.

이러한 방향의 기초 위에서 이해는, "**타자의 사고를 그 사람 전체의 섬세한 고유성까지도 추후 구성해 내는 것**… 철학에서 이것은 이제까지 가장 어려운 일에 속한다… 그러므로 우리는 진행 과정과 구성 요소를 추후에 구성할 수 있을 때에만 한 작품과 정신을 이해한다고 말할 수 있다[76]."

추후 구성은 전체의 내적 통일성, 그것의 관념 혹은, 그가 즐겨 불렀듯이, 그것의 경향을 지향하고 있어야 한다. 타고난 본능과도 같이 작품 속에는, 그 규모에서 다소간의 차이를 보일지라도[77], 전체를 형성하는 창조적이고 조직적인 통일성이 살아 있다. 훌륭한 포도주와도 같이 전체가 우리 앞에 녹아 있다. 그리고 동시에 우리가 더 깊게 탐구하면 할수록 진실하고 의미 있는 작품[78]의 "인간성과 살아 있는 고유한 정신"[79]을 느끼게 된다. 만일 유기적 생명체와 같이 그러한 작품이 형성되어 있다면, 즉 전체의 각 부분이 다시 그 자체로 하나의 조직이 되며, 이들 다양

76) 슐레겔, 《레싱의 정신》 I, 40쪽.

77) 슐레겔, 《전집》 X, 131쪽 참조.

78) 슐레겔, 《전집》 X, 134~135쪽.

79) 슐레겔, 《전집》 X, 135쪽.

한 조직들이 다시 전체의 통일성을 향하여 하나로 나아간다면, 예술적 추후 구성은 "전체를 단지 요소, 부분, 조각으로 나누는 일이지, 결코 작품과의 관계에서 볼 때 죽어 있는 작품의 원래 구성 요소로 잘게 쪼개는 일이 아니다[80]." 일반적으로 비평가들이 그렇게 하듯이, 작품을 그 요소로 잘게 쪼개는 일은, 그러한 방식으로 유기적 삶을 붙잡을 수 있다는 희망을 품지만, 그들의 손아귀에서 삶을 망치는 결과를 초래한다. 그들이 결국 찾고, 붙잡게 되는 것은 원자들의 부분일 뿐이다[81].

6) 내적 형식의 관점

이 지점에서 이러한 방법이 의도하는 바가 무엇인지 분명해진다. 예술적 구분이 잠시 허용된다면, 여기서 중요한 것은 요소들이나 사고의 소재가 아니다. 시대를 움직이는 사고의 부분들은 그 방법과는 상관이 없다. 하지만 위대한 인물에 의해서 그러한 사고의 부분들로부터 형성된 전체, 고유한 방식의 구성, 한마디로 **형식**이야말로 그 방법이 유일하게 다루는 것이다. 여기서 셸링이 유기

80) 슐레겔, 《전집》 X, 144쪽.

81) 슐레겔, 《전집》 X, 144쪽.

체를 관찰하듯 문학 작품이 다루어진다. 그 본질은 그 형식에 들어 있다. 작품《레싱의 정신》의 한 대목은 어떻게 이 작품이 점차 이들 개념에 대한 명료성의 요구로 채워지는지를 보여주고 있다. 이것은 본질적으로 그 형식에 놓여 있어야 한다. 레싱의 저작이 "겉으로 보기에 형식이 없는 것처럼 보이지만 또 다른 관점에서 **정당하게 형식으로 불릴 수 있다. 그것은 바로 각 부분들의 고유한 결합 방식을 통하여 전체의 정신을 표현하고 있기 때문이다. 전체의 정신이 없었더라면 그 방식은 전혀 다른 양상을 보였을지도 모른다**[82]." 그에 의하면, 이러한 형식이 바로 "특별히 자유로운 유형의 산문적 작품의 경우" "사고의 결과"이다[83]. 그는 플라톤 대화편의 내적 구조를 간략히 언급하면서 그러한 사고의 한 예를 보여주고 있다. 그는 즉시 레싱의 저작들에서 "**그 사고의 내적 형식**"을 분리하려고 시도한다.

하지만 정교한 사고의 결여로 이러한 작업에서 그렇게 행복한 결말에 이르지 못하고 있다는 점을 고백해야 할 것이다. 가장 특이한 사항은 바로 이러한 노력이 방법적 수

---

82) 슐레겔,《레싱의 정신》.

83) 슐레겔,《레싱의 정신》I, 14쪽.

단에 필수불가결한 볼데마어(Woldemar)[84]의 유명한 서평에 직면하여 전환을 맞게 되었다는 점이다[85]. 그의 양식에 대한 관찰이 운동의 요소, 형식을 향하고 있기 때문에 그는 공간적 그림들을 통하여 특정한 직관에 이르고자 하였다. 그는 말하기를, "나는 철학자를 인도할 수 있을 것이다. 그들에게 모든 것은 원형이고, 다른 것들은 오직 삼각형의 도형으로 구성된다. 타원형과 당신들에게 내 기지의 놀이로 보일 수도 있는 다른 모든 것들도 제시하고자 하였다[86]."

레싱의 정신과 작품의 "원초적 형식"은 "그와 같은 초월적 노선"이었다[87]. "이러한 형식은 바로 플라톤의 형식

---

84) 원본에서 누락된 것으로 추정됨.

85) 슐레겔 형제, 《특성과 비판들》 I(Koenisberg, 1801), 170쪽 이하. 딜타이가 서술한 사고의 핵심, 특히 그가 제시한 인용문은 볼데마어의 슐레겔 서평이 아니라, 슐레겔의 논문 〈논문에 관하여〉를 지시하고 있다. 그러므로 우리는 《특성과 비판들》 170쪽 이하와 281쪽 이하에 등장하는 이 논문에 주목하고자 한다. 딜타이 자신이 《특성과 비판들》 84쪽을 전거로 제시하고 있는 부분도 마찬가지로 〈레싱에 관하여〉라는 논문에 속한다.

86) 슐레겔 형제, 《특성과 비판들》 I(Koenisberg, 1801), 268쪽. "철학적 삶의 역설을 위해 곡선만큼 더 아름다운 상징이 또 있을까? 곡선은 무한 속에 하나의 중심이 있으므로 분명한 지속성과 규칙성으로 인해 항상 조각으로만 그 모습을 드러낼 수 있다."

이다. 그리고 당신들은 그러한 상징에 의거하지 않고서는 단 한 편의 대화나 일련의 대화들을 이해할 수 있도록 구성할 수 없을 것이다[88]." 여기에 이미 철학에 관한 그의 유고 노트의 한 귀퉁이에서 발견할 수 있는 도식적 유희의 씨앗이 들어 있었다[89]. 이러한 노선은 필연적으로 그를 그러한 표현의 전제가 되는 산출 이론의 사고 쪽으로 관심을 전환시켰다.

7) 슐라이어마허의 해석학과 관련된 산출 이론의 계획

"미적인 것의 완전한 법칙 부여"는 그에게 이미 이전부터 "예술의 부활"을 위해서는 필연적인 것으로 보였다[90]. 그는 "예술철학이라고 부르는 것 속에서 철학이나 예술 아니면 이 둘 모두가 결여되어 있다"는 점을 발견하였다. 앞서 언급한 "볼데마어"의 서평에서 그는 산출이론을 구상하게 되었다[91]. "**이러한 조형학, 이러한 상상력과 예술**

87) 슐레겔 형제, 《특성과 비판들》 I(Koenisberg, 1801), 269쪽.

88) 슐레겔 형제, 《특성과 비판들》 I(Koenisberg, 1801), 270쪽.

89) 슐레겔, 〈아우구스트 빌헬름 슐레겔이 빈디쉬만(Windischmann)에게 보내는 편지〉, 《전집》 VIII, 287쪽.

90) 슐레겔, 《오랜 그리고 새로운 시학의 비판과 이론》, 《전집》 V, 96쪽.

의 물리학은 고유한 학문이 될 수 있을 것이다[92]."

레싱에 관한 저술에서 이러한 생각은 이어진다. 그는 이제 이러한 학문을 **백과사전**으로 명명하고 그 옆에 **논쟁법**을 위치시킨 후 문학의 사고 방법으로서 **설명, 존속, 자기 생산**의 기능을 맡게 될 **비판** 학문의 범주에 넣는다. 이러한 학문에 대한 구상이 불명료한 만큼이나 그 안에는 다른 요소들 이외에 산출 이론의 구상도 들어 있다. 하지만 우리는 바로 그 안에서 학문적 형식과 관련하여 슐라이어마허 해석학의 본질적 고유성이 들어 있음을 보게 될 것이다. 즉 그의 해석학은 재생산 이론과 생산 이론의 융합인 것이다. 슐라이어마허가 해석학에 관한 그 어떤 교본을 알기도 전에 처음부터 이러한 학문의 계획을 전체 구성의 재구성으로서 파악했다는 것은 그러한 연관을 잘 보여주는 것이다.

8) 슐라이어마허의 플라톤에서 활용될 사전 준비로서 슐레겔의 해석학적 방법

재생산 이론에 더 많은 영향을 준 것은 이러한 학문의

---

91) 슐레겔 형제, 《특성과 비판들》 I(Eisenfeile), 227쪽.

92) 슐레겔 형제, 《특성과 비판들》 I(Eisenfeile), 259쪽.

꿈보다는 몇몇 예시를 통해 일반적인 사고를 실제로 보여 주었던 슐레겔의 아주 탁월한 시도에 있다. 얼마나 정교하고, 형식의 심연을 파고드는 주석을 **빌헬름 마이스터의 특성 묘사**는 담고 있는가! 개별 요소를 전체의 이념과의 연관 속에서 파악하고, 후속되는 서로의 관계를 지속적으로 추적하며, 모든 준비, 상승, 정지를 그것의 분포에 따라 관찰하는 방법은, 훔볼트의 헤르만과 도로테아에 관한 작품을 제외한다면, 형식 개념을 완전히 이해하여 하나의 예술 작품을 해석학적으로 승화시킨 첫 번째 본보기가 될 것이다. 훔볼트가 형식의 요소들을 날카롭게 분리하고 구분하는 데 있어서는 슐레겔을 훨씬 앞서지만, 개별 요소들 간의 모든 관계와 전체를 향한 의미 부여에서부터 이러한 넘치는 재능으로 지나칠 정도의 유희를 즐기는 것에 이르기까지 모든 것을 철저하게 다루는 조합적 능력에서는 슐레겔이 더 나았다. 그리하여 적지 않은 부분을 해설자의 기질 탓으로 돌릴 수도 있는 예술 작품을 슐레겔은 일련의 경향성과 예술적으로 풍부한 내적 연관으로 잘 감싸고 있다.

하지만 여기서 개별 작품이 단지 그 자체로 하나의 전체로 간주되는 것과 같이 **《요하네스 보카치오의 시적 작품에 관한 소식》**(1801)[93]에서 해석학적 개념들의 대부분이 적용되고 있다. 그럼으로써 결국 우리는 오래되진 않았으나 매우 예술적이며 심오한 연구에서 나온 시도로부터 마치 전체를 조망해 주는 거울과도 같이 그의 해석학적 방법을 조망할 수 있다. 슐라이어마허의 플라톤 계획과 그 계획에서 상술하고 있는 부분들을 눈여겨본다면, 이 저술과 슐레겔의 플라톤 계획에서 생기는 물음, 즉 플라톤을 다루는 방식에서 슐라이어마허가 어떻게 도움을 받고 있는지에 대한 일말의 실마리를 찾을 수 있을지 모른다.

그가 이해하고 있는 바와 같이, 비판이 위대한 인물의 작품들을 다루어야 한다는 관점은 다음과 같은 의미이다. 즉 "교육받은 인물뿐만 아니라 현재 교육을 받고 있는 사람 자신도 하나의 유기적 전체가 된다[94]." 그러므로 작품의 내적 역사는 고유한 도야의 역사로서 시작(詩作)단계에서부터 완성된 걸작에 이르기까지 추적될 수 있다[95]. 플라톤의 경우에서와 같이, 여기서 외적인 과제는 작품의 시간적 순서를 그 작품 자체 안에 들어 있는 증언과 언명, 내적으로 대립하는 관계들, 양식, 처리 방식으로부터 규

---

93) 슐레겔, 《전집》 X, 3~36쪽.

94) 슐레겔, 《전집》 X, 3쪽.

95) 슐레겔, 《전집》 X, 3쪽 이하 참조.

정하는 일이다. 이것과 상응하여 보카치오가 특별히 선호한 형식이 어떻게 점진적으로 형성되었는지를 아주 정확하게 그리고 그의 사교권에 대한 거의 기하학적으로 정리된 서술을 사랑스런 이야기의 꽃다발로 장식하고, 이를 여러 단계로 입증해 보이는 내적 과제가 존재한다. 청년기의 시작(詩作)에서는 필로포노(Filopono)가 《데카메론》의 내적 형식의 최초의 씨앗을 에피소드 형태로 보여주었다. 여기서 에피소드 형태로 나타난 것이 내적 이유로 후에 다루어지게 될 아메토(Ameto)에서는 **전체의 내용**으로 나타난다. 이러한 방식으로 그는 이러한 경과를 남성적 성장기까지 다루고 있다. 여기서 우선 두 작품이 발견되는데, 그 하나는 오직 소설만을 다룬 것이고, 다른 하나는 전체를 포함하고 있다. "시인은 소설을 전체로 다루기 전에 개별적으로 다루었는가, 아니면 나중에 이를 더욱 발전시키려는 의도를 가지고 있었는가?"[96] 여기서 제기된 물음들이 어떻게 점차 플라톤을 다루면서 등장하는지를 보게 된다. 또한 **보카치오**의 소책자와 단테의 삶이 등장하고, 그 안에 나타나는 시의 관점으로부터 시인 자체의 생산을 해명해 주는 빛이 나오고 있다[97].

---

96) 슐레겔, 《전집》 X, 21쪽.

저자가 속해 있는 문학사의 권역, 즉 그가 한 부분으로 속해 있는 더 큰 전체를 파악할 때만 한 저자가 이해될 수 있다. 해석자는 이러한 구성에 의해 결론짓기를 시도할 수 있다. 그가 이탈리아 시의 성격을 명백한 감각적 도상(圖上) 안에서 가장 주관적인 것을 나타낸다고 규정하였다. 그는 예술가의 경향에 대한 이러한 개념을 소설의 성격과 관련짓고, 형식과 이러한 최초의 경향을 동일한 방식으로 연결하면서 보카치오의 다양한 소설 형식들을 내적 경향성에서 파악하고자 하였다. 그 시도는 유감스럽게도 실현되지 못한 플라톤의 마지막 부분들의 시도와 여러 면에서 유사성이 있다. 이러한 맥락에서, 내가 바라듯이, 플라톤에 대한 일반적 계획의 탄생과 슐라이어마허 해석학의 모든 핵심적 사고를 담고 있는 가장 예술적이고 독창적인 작품은 이 기술로 결실을 맺게 되는 해석학적 방법을 분명하게 보여줄 것이다.

---

97) 여기에 이미 개별 소설들의 이야기를 특별한 깊이와 수많은 체험을 했을지도 모를 관점으로부터 추적하려는 탁월한 생각이 스며들어 있다.

3. 플라톤 번역[98)]

만일 우리의 서술이 그 목적을 완전히 빗나가지 않았다면, 슐라이어마허의 해석학에 결정적인 다음의 두 가지 사항이 서술하는 과정에서 분명하게 밝혀질 것이다. 첫째, 슐라이어마허는 피히테적 사유의 변형에서 생성된 체계에 힘입어 개별성과 작품의 미적 구성을 그 중심에 둘 수 있었다. 둘째, 밀접하게 상호 관련된 직계 존속의 범주 안에서 문학적 개별성의 내적 경향의 전개, 다른 수용된 작품들의 결과를 최우선적으로 서술하려는 시도로까지 진전된 슐레겔의 문학적 시도는 슐라이어마허의 윤리적 노력을 문헌학의 한계로 이끌었다. 새로운 방향의 엄격한 문헌학 영역으로의 입문이 플라톤 번역을 통해 이루어졌다.

하나의 결정적인 진전! 왜냐하면 이제까지 작은 단위의 노력과 시도가 결국 **해석학적 기술**이 되었기 때문이다.

---

98) 아래의 서술을 딜타이가 1898년 베를린 아카데미에서 행한 〈슐라이어마허의 플라톤 번역〉 강연과 비교해 보라. 이 강연은 1922년 물레르트(Mulert)에 의해 딜타이의 《슐라이어마허의 삶》 제1권 2판 645쪽 이하로 출간된 바 있다.

이와 함께 작품의 내적 형식과 저자와의 내적 관계 그리고 작품 전체의 이해를 지향하는 해석이 정초되었다. 그것은 마치 수수께끼와도 같이 예술적으로 가장 풍부하면서도, 가장 복잡한 고대 그리스의 형식을 밝혀내고, 그러한 형식으로부터 저자의 발달을 파악하려는 시도가 성공하면서 가능하게 되었다. 그리하여 결국 이러한 시도는 내적 의미로 볼 때, 비록 문헌학적 영향은 미미하였지만, 새로운 문헌학 시대를 열어준 노력의 대열에 당당하게 설 수 있게 되었다고 볼 수 있다.

1) 슐레겔과의 작업 시작

슐라이어마허가 플라톤을 철학적으로 종교에 심취한 이상적 인물로 주목하면서 시종일관 홀로 작업을 진행했던 《종교에 관한 담화》를 완결한 며칠 후 슐레겔은 그에게 플라톤을 함께 번역할 것을 제안하였다. 그는 슐레겔의 요청을 열렬히 환영하였다[99]. 《독백》을 마친 후 모든 노력을 공동 작업의 준비에 경주하였다. 그는 그 당시 슐레겔과 플라톤 번역 공동 작업에 많은 시간을 할애하였다[100]. 자신의 고유한 내면의 서술로부터 해석학적 작업

99) 《편지》 I, 227쪽.

에 전념하는 시기가 다가온 것이다[101]. 그에 더하여 그는 이미 완전히 발달된 방향에서 모든 소재를 가장 예술적이고 해석학적으로 다룰 수 있게 되었다.

스톨페(Stolpe)에서의 고독 속에서 이러한 기술은 **윤리학 비판**의 작업을 통하여 심화되었다.

2) 이러한 노력들과 윤리학 비판과의 접점

윤리학 비판의 근저에 해석학의 방법과 유사한 재구성적 방법이 자리하고 있기 때문이다. 실천철학의 과제는 다음과 같다. 윤리적 관념이 어떻게 성장했는지를 요소에 따라 윤리적 개념으로 쪼개지 않으면 안 된다[102]. 이러한 기본 형식으로부터 윤리학의 대상이 하나의 체계를 이루는 독립적인 체계로 형성된다. 그 안에서 모든 개별자는 오직 전체, 즉 체계의 개념으로부터 이해될 수 있다[103]. 모든 실제적 체계, 가령 예술 작품이나 유기적 생명체는

---

100) 《편지》 I, 279쪽.

101) 윤리학 비판 또한 형식 비판이므로 해석학 작업에 속한다. 그리고 플라톤과 첫 번째 티모테우스 편지(Timotheusbrief)에 관한 저작과 해석학에 관한 강연들도 이에 속한다.

102) 《윤리학 비판》, 120쪽 참조.

103) 《윤리학 비판》, 246쪽.

오직 체계를 통해서만 추후에 재구성될 수 있다. 그 영역의 적용에서 어떻게 스스로를 차별화하느냐는 종국적으로 오직 전체의 이념으로부터 계통적으로 분류될 수 있다. 이와 같은 사실로부터 다음과 같은 결론이 도출될 수 있다. 즉 윤리학의 비판적 고찰이 이들 세 요소의 형식의 재구성과 관련되며, 그 완전성은 대상 자체를 철저히 다룰 수 있도록 보장해 준다. "인식과 기술이 상호 관통하는"[104] 학문적 형식에서 "철학의 이름에 걸맞은"[105] 무엇인가가 출현해야 한다. 여기서 출발하여 그는 스스로를 자신의 비판 관점으로 삼고 있다. 이 과정에서 그는 윤리적 실재론과 대립적인 관점을 단호하게 거부한다. 윤리적 실재론은 관념으로부터 계통적으로 분류된 형식이 아니라 윤리적 성찰에서 나온 윤리적 개념들과 그것으로부터 추출된 추상의 점진적 발달을 본질적으로 중요하게 여긴다. 그는 또한 이러한 개념들이 관념과의 결합을 통해서 비로소 윤리적 개념이 된다는 입장과도 반대의 입장을 취하고 있다[106]. 생성되는 학문과 완성된 학문 사이의 혼동

---

104) 《윤리학 비판》, 252쪽 참조.

105) 《윤리학 비판》, 4쪽.

106) 《윤리학 비판》, 120쪽 이하 참조.

에서 출발하여, 그 기준에 의하여 모든 사고의 가치가 비로소 완성된 형식으로 설정되는 그런 이의 제기가 나온 것이다. 어쨌든 간에 여기에 이러한 재구성 방식의 자의적인 한계가 놓여 있으며, 여기서 또한 이를 우리의 눈앞에 생생하게 그려볼 수 있다는 점은 유용하다. 이러한 거장다운 작품은 철학적 비판의 유사한 영역에서도 그 방법을 완성시켰다.

3) 플라톤을 다루는 과정에서 슐레겔과 슐라이어마허의 대립

플라톤을 다루는 방식에서 슐라이어마허와 슐레겔 사이에 엄밀한 차이가 있었다는 사실이 간과되어서는 안 될 것이다. 이 둘 다 플라톤을 철학적 예술가로 표현하려는 과제를 가진 점에서는 공통점이 있었다. 이러한 과제에 대한 생각은 공히 예술과 인식의 결합을 통해 철학의 본질을 통찰하려는 낭만적 경향에서 나온 것이다[107]. 이 둘은 이제까지 그 누구도 시도하지 않았던 플라톤 대화들의 내적 형식을 그 고유성 안에서 인식하고자 하였다[108]. 여러

107) 《윤리학 비판》, 4쪽 참조.

108) 프리드리히 아우구스트 볼프는 《플라톤의 향연》(lepizig, 1782) 서문 12쪽에서 "가장 아름다운 예술로 선정된 가장 심오한 대화편의

저작들을 통해 슐레겔은 그에 대한 열정적 시도를 하였다. 하지만 그러한 시도는 그 과업을 완수하기에는 턱없이 부족한 것이었다. 마침내 이 둘은 상이한 단계에 따른 철학하기 형식의 성격과 내적 발달 안에서 이 작품들의 질서와 진실성에 관한 결정적인 규정의 기초를 이전의 인물들과 최근의 테네만(Tennemann)에서 출발하였거나 혹은 일반적인 표현으로 제시되는 역사적 관계로서 발견할 수 있기를 희망하였다. 문헌학적 기술 면에서 보면 두 사람을 쉽게 구분할 수 없다. 슐라이어마허는 역설적으로 플라톤을 항상 다시 처음부터 끝까지 통독하는 슐레겔의 방식에 관해서 언급하고 있다[109]. 여타의 부분에서도 마찬가지이지만 슐레겔에서 중요한 것은 단지 가장 일반적인 표현만이 남게 되며, 자신의 형이 탁월하게 묘사한 바와 같이, 나중에 이러한 "본질적 개념"을 가지고 작업을 하는 것이다[110]. 이와 같은 본질적 개념이 그에게는 플라톤

계획"에 관하여 언급하고 있다. 하지만 이것을 단지 미적으로 느꼈을 뿐 이를 서술해 나가는 것은 자신의 능력 밖의 일이었다. 그와는 달리 그의 시도는 슐라이어마허가 따르고자 하지 않았던 또 다른 본질적 측면과 맞닿고 있다. 그것은 문학적 · 사교적 관계이며, 이 작품의 탄생에 영향을 끼쳤다.

109) 《편지》 I, 345쪽 이하 참조.

의 형식이었다. 그는 이러한 본질 개념에 의해 플라톤의 심포지엄(Symposium)을 해석하려 하였고,[111] 그가 슐라이어마허와 동일한 입장을 지녔던 파르메니데스(Parmenides)는 물론 대다수의 중요한 대화의 단편들을 설명하려고 하면서,[112] 슐라이어마허가 밝혀 놓았던 이러한 예술 작품의 진정한 내적 형식으로부터 그 스스로가 얼마나 동떨어져 있는지가 드러나게 된다. 그리하여 결국 슐라이어마허는 원치 않았으나 슐레겔과의 몇 차례 접촉을 가진 후 슐레겔의 결연함에도 불구하고 공동 작업이 좋지 않은 결과를 초래할 것이라는 느낌을 갖게 되었고, 그 일을 스톨페에서 홀로 시작하게 되었다.

4) 슐라이어마허의 플라톤

하지만 이제 우리가, 그 작품이 완성되어 있다는 전제

---

110) 슐레겔, 〈아우구스트 빌헬름 슐레겔이 빈디쉬만에게 보내는 편지〉, 《전집》 VIII, 287쪽.

111) 《편지》 I, 371쪽 참조.

112) 슐레겔의 유고 가운데 부인의 손으로 쓰인 매우 왜곡된 두 페이지가 남아 있다. 이것은 의심할 여지없이 슐레겔의 플라톤 입문을 위한 두 개의 서문과 관련이 있다. 아쉽게도 이와 관련된 자료들은 왜곡된 관계로 활용할 수 없다.

하에서, 개요의 연구를 통하여 이 작품의 해석학적 관점 속으로 깊이 파고들어 가보면, 그 작품이 연구자에게 마치 흉내로 모방한 것과도 같이 그 대상과 흡사하게 보인다. 그 표현 자체가 명료하고 예술적인 과정 속에서 쉼 없는 전진을 보이고 있기는 하나 전체에 대한 근본적인 직관은 항상 새롭게 자극하는 절제로 인하여 그리 중요하지 않은 특성으로만 묘사되고 있다. 그리하여 우리는 이러한 특성을 가볍게 비교함으로써 슐라이어마허의 영혼 속에 틀림없이 존재했을 법한 직관의 화려한 전체를 적어도 감지할 수 있게 된다. 그리고 이러한 작업 과정에서 우리는 스스로 **플라톤 철학의 성격과 작품들의 예술적 형식이 지속적인 조화**를 이루는 것을 보게 된다. 우리는 정연히 항상 다시 심연으로 깊숙이 파고드는, 마치 최초의 씨앗에서 그 통일성을 찾으려는 것과 같은 노력을 감지하게 된다[113]. 형식의 가장 내부로 안내하는 이러한 철학의 두 가지 특성이 있다. 슐라이어마허는 물론 플라톤과 그의 정신의 내적 유사성으로 인해 이러한 특성들을 매우 잘 알고 있다[114]. 하나는, 여기서의 철학은 삶이며, 친교적 상호 작

113) 그와 함께 해석학의 (좁은 의미에서의) 심리학적 부분 참조.

114) 해석학의 심리학적 부분 참조.

용과 더불어 성장하며, 무엇보다도 대화이며, 생생한 전달이다. 그 다음으로 그 철학은 위와 관련된 문서적 표현이다. 그것은 사고를 조용히 표출하는 것이 불가능하며, 다른 사람과 이를 산출하려는, 분명하고도 전체를 완전히 산출하려는, 가장 왕성한 욕구를 갖고 있다. 이로부터 고유한 결합을 위해 독자를 필요로 하는 대화의 예술적 형식이 등장한다. 두 번째 특징은, 이러한 철학의 성격이 그것으로 인해 모든 것이 서로 하나로 묶이는 체계의 일원론이기 때문에, 가능한 한 모든 대화에서 가장 상이한 것을 연결하고, 이를 다른 대화와의 관계에서 완성시킬 필요가 있다[115].

여기서 이제 그가 두 곳에서[116] 간략하게 이를 해석하는 시도가 너무 고약하여 거의 도달하기 힘들 정도로 서술하고 있는 플라톤 예술 형식의 유형이 생긴다. 이러한 조망으로부터 응용 방법이 생겨난다. 해석자의 온전한 노력의 지향점은 하나의 씨앗과도 같이 전체가 발원하는 사고 특성과 사고 형식의 본래적 통일성이다. 이러한 관점이 파악되면, 사고 방향과 형식의 일치로 구성된 전체의 비밀

115) 원본에서부터 누락됨.

116) 슐라이어마허, 《플라톤》 I, 20쪽; 41쪽(제2판).

이 풀리게 된다. 이 둘이 서로 상응하는 바와 같이, 전체를 통하여 이러한 일치점을 예언적으로 따라가는 것이 지속적인 과제이다. 이러한 해석학적 견지에서 내용은 오직 형식을 위해서 존재하게 되며, 형식은 또한 내용을 위해서 존재하게 된다. 다시 말해서 이 둘은 단지 두 개의 상이한 속성을 지닌 동일한 실체로 간주된다. 그리고 이러한 미묘한 관계 속에서 의도와 형식의 균형을 감지하는 일이 해석의 영원한 과제이다. 이것으로부터 또한 개별적 대화의 과제가 생겨난다. 이러한 유형을 고려하지 않고 초기의 해석이 저작 전체의 경향 대신 대개 탁월한 통일성과 관련된 부분 중의 일부만을 파악한 점을 고려한다면, **슐라이어마허의 플라톤 대화** 중요한 서문들의 대다수가 변증법적 형식을 띠고 있음을 알 수 있다. 이 형식은 전체의 부분들 혹은 다양한 관점으로부터 그것의 불완전성을 입증하면서 점차 전체의 직관으로 나아간다.

하지만 어느 다른 곳에서도 그렇다면, 개별 작품은 여기서도 그 자체로서가 아니라 오직 저자의 문서적 산출의 전체로부터 이해될 수 있다. 예언적인 예리한 감각으로 해석자는 한 저작이 다른 저작에 주는 조용한 시사점과 여기저기에 산재되어 있는 역사적 의미를 도출해 낸다. 그것이 충분했다면 이러한 대화편에서도 좋은 결과를 가져왔을 것이다. 이를 정돈하려는 사람은 더욱 예리한 수단을 필요로 한다. 여기서 이제 낯선 요소들의 점진적 침투의 흔적 혹은 개별 개념들의 발전이 가져다준 지점들을 뒤따랐을 것이다. 이 모든 것을 슐라이어마허는 경멸하고 있다. 개별 대화 자체의 철학적－예술적 형식에 대한 직관에서 정돈이 나온다. 이전의 개별 저작에서와 같이 그는 이제 작품들을 저자의 내적 경향으로부터 일련의 상호 참조와 촉진을 통해 집단으로 구별되는 개별 작품을 형성하는 전체로서 파악하게 된다. 이때 이러한 경향성이 개별 작품들의 합을 이루게 된다. 이러한 고찰 방식에서 특징적인 것은, 이것은 매우 중요한 관점인데, **작품과 연관된 의도와 기술이 저자의 내적 발달에 따라 단지 극명하게 구분되며,** 그 외에는 지속적으로 상호 이행한다는 점이다. 왜냐하면 저자도 의식하지 못하는 사이에 예술적 정신은 저자의 내부에 미적이며, 심오하게 숙련한 작품 전체를 창조하게 된다. 그와 같이 플라톤의 세 시기의 작품들은 그의 철학의 전체를 나타내고 있다. 첫 번째 시기의 작품들이 지식의 가능성과 형식을 발전시키고, 중간 시기의 작품들이 그것을 두 실제적인 학문에 적용하려고 시도하며, 마지막 시기의 작품들은 마침내 종합적인 서술로 나아가고 있다. 이러한 세 단계에

세 가지 형식의 대화적 예술 형식이 상응하듯 거장다운 표시가 모든 서문들에 편재해 있다.

문필가의 가장 내적인 경향성이 일련의 단계로 그의 산출의 전체를 구체화한다면, 이 단계의 각 단계마다 최초 결정의 전체에 대한 관계는 상이하게 나타날 수 있다. 즉 그 관계에 따르면 주요 저작의 두 번째 서문과 연구물 혹은 소논문과 같은 방식의 두 번째 순서가 생겨날 수 있다.

우리는 여기서 규준에 따른 저작에서 출발하는 이상적인 내적 질서의 전체가 설정되어 있음을 보게 된다. 그 나머지는 이 저작과의 유사성과 관계에 따라 일렬로 정돈된다. 이때 그것은 규칙과 진실성과의 관계에서 규준적 저작의 불안정성을 전혀 부인하지 않으며, 모든 부분에서 전체 속에서 하나의 경향성이 형성되는 기본 형식을 반복한다. 문헌학은 이념에서 탄생했을지도 모르는 그러한 작품을 알지 못한다. 그리고 새로운 노력을 가하거나, 틀에서 벗어나지도 않고, 아무런 주석도 없이, 마치 한 조각을 녹여 곧은 철사를 만드는 것과도 같이, 마치 그 특성이 예술적인 건축과 개별 문장의 논리적 결합에 이르기까지 깊은 영향을 미치는 형식의 냉담한 폐쇄성은 마치 전체의 이상적인 형식을 파악하려는 이러한 강렬한 특성의 모방과도 같다.

그러나 그 이전에 어느 문헌학자도 전체 저작을 고유하게 형성된 영혼과도 같이 깊게 파고들어가는 해석학적 원리를 그처럼 의식적으로, 생생하게 작업하지는 못했을 것이다. 그 이후의 시기에도 그를 필적할 만한 인물은 오직 고귀한 디센(Dissen)뿐이다. 그는 자신의 작품을, 그에게 문헌학의 꽃이었던 이러한 해석의 방법이 파악되고 숙련되는 한에서 해석학적 방법의 문제와 사례로서 관찰하고 기꺼이 맡겼다. 슐라이어마허는 물론 디센의 경우도 마찬가지로, 어떤 유리한 조건이 형성되자마자, 해석학적 방법과 그것에 부가된 특별한 가치의 의식화로부터 해석학적 이론의 정립으로 나아가게 되었다는 것은 자연스러운 일이다.

4. *슐라이어마허*의 해석학적 체계에 관한 첫 번째 기획

1) 1804~1805년 편지에 나타난 그의 해석학적 견해

기회는 드디어 그가 1804년 가을 할레(Halle) 대학으로 부임하면서 생겼다. 충실한 뇌젤트(Noesselt)와 경건한 크납(Knapp)의 성서 해석은 짐작건대 그로 하여금, 그는 여전히 의심을 하였을지라도, 자신의 해석학적 기본 관점을 밖으로 표출하게 했을지도 모른다. 그리하여 그는 1804년 해석학을 중심축으로 하는 성서 해석 과정의 계획안을 구상하여, 해석학의 이론과 실제 전체를 종합적으로 발표하게 된다. 그가 쓴 편지들은 해석학의 천착을 위해 투여되었던 두 가지 주요 관점을 매우 분명하게 보여준다. "위대한 해석학적 규칙의 본질을 바라보고, 전체 내 연관(책의 본래적 추후 구성: 원 편집자 주)으로 청자(聽者)의 주의를 환기시키는 것, 그는 이 두 가지를 작업을 시작하기도 전에 이미 과제로 제시하고 있다[117]. 그는 에르네스티의 신약 성경 해석을 읽고[118], 이것을 핵심 주제로 활

---

117) 《가스(Gass)에게 보내는 편지》, 6쪽.

용할 수 있을지 여부를 가늠해 본다. 왜냐하면 그때까지 그는 다른 사람들의 해석학 이론에 대해서는 별 관심을 두지 않았다. 그는 자신의 고유한 내부로부터 모든 사고의 기본 가닥을 잡아가는 면에서 피히테와 흡사한 점이 많았다. 하지만 보기 드문 책의 구성은 그를 당혹감에 빠지게 한다. 그렇게 많은 시간을 허비하지 않았더라면, 자신의 교재를 구상할 수도 있었을 것이라고 그는 탄식한다! 하지만 그러한 교재를 구상하려면 "이해와 분석적 재구성의 모든 기술이 그 속으로 녹아 들어가야 할 것이다[119]." 그때서야 비로소 전체의 질서가 유지되고, 에르네스티와는 전혀 다른 모습을 띠게 될 것이다! 왜냐하면 "문법적 설명(만일 내가 단어를 광의적 의미에서 취하면)은 항상 일면적으로만 남아 있기 때문에, 그것에 더해 문법에 대한 문법적 설명의 관계와 같이 구성과 양식의 기술에 상응하는 또 다른 요소가 고려되지 않으면 안 된다[120]."

그가 이러한 원리를 염두에 두면서 에르네스티의 책을 통독할 때, 그 책의 기저를 이루는 사고의 완전한 결함이

118) 에르네스티, 《신약 성경의 체계적 해석》(1761) 참조.

119) 《가스에게 보내는 편지》, 14쪽.

120) 《가스에게 보내는 편지》, 21쪽.

어떻게 그의 눈에 띄게 되었을까! 이러한 원리로부터 해석 자체를 학문적 연구 대상으로 근거 지으면서 해석학에 하나의 학문적 형상을 부여할 필요가 생겼다. 이것이 바로 이 시기에 두드러지는 두 번째 관점이다. 이는 해석학 역사에서 매우 중요한 관점이다! 해석학은 언어와 형식 자체, 산출 이론 자체, 그에 상응하는 재생산 이론 자체에 대한 예리한 직관에 기초를 두어야 한다. 이로써 해석학은 그때까지 해석학적 처치 결과만을 종합해 온 것과는 달리 학문적 연구 대상을 얻게 되었다. 빌리히(Willich)에게 쓴 편지에서, "나는 해석학을 읽으면서 이제까지 아무런 연관도 없이, 부분적으로 매우 불만족스러운 관찰들의 종합인 것을 알고, 이것을 학문적으로 승화시키려는 생각이 들었네. 이러한 학문은 **언어 전체를 직관으로 포괄하며, 외부로부터 그것의 가장 내적인 심연까지 파고들려고 노력한다네**[121]."

2) 에르네스티의 문헌 고찰에서 나온 첫 번째 기획

우리는 이러한 생각으로부터 학문적 성과의 발생적 고찰이 허용하는 만큼 정확하게 해석학의 첫 번째 개념을 이

---

121) 《편지》 II, 26쪽 이하.

해할 수 있다. 앞서 언급했던 에르네스티의 신약 성경 해석에 관한 문헌과 함께 모루스(Morus)[122]의 문헌 고찰을 통하여 슐라이어마허는 자신의 노트에 번호를 새기면서 메모를 하였고, 그것을 바탕으로 자신의 체계를 처음으로 기획하였다. 뤼케(Luecke)는 그 기록이 해석학 역사는 물론 슐라이어마허 체계의 정확한 이해를 위해서 대단히 중요하였음에도 불구하고[123], 그것을 인쇄하지 않았다[124]. 그 기록은 슐라이어마허의 초기 해석학과의 관계, 즉 그 체계가 처음에 어떻게 구상되었는지를 보여주고 있다. 어떻게 그가 플라톤을 번역할 당시의 자신의 기본 관점과 해석학적 개별 고찰들로부터 이러한 초기 해석학에 이르기까지 때론 논쟁적 혹은 스스로 동화하면서 자신의 고유한 기본 입장을 형성해 왔는지블 이 기록은 정확히 보여준다. 하지만 슐라이어마허를 알고 있는 사람은 누구나 이

122) 모루스(S. F. N. Morus), 아이히쉬테트(H. C. A. Eichstaedt) 편, 《신약 성서 해석에 관하여, 아크로아세 학파》(lepizig, 1797).

123) 그 자료는 확실히 우리 과제의 주관적 측면을 다루고 있으므로 과제의 해결을 위해 그것을 활용할 수 있게 되기를 강렬하게 희망하였다. 이 메모는 키메를레(H. Kimmerle)가 편찬한 슐라이어마허의 《해석학》 안에 인쇄되어 있다. 슐라이어마허의 《해석학》 2(AAH, 1959), 31~50쪽, 같은 곳 10쪽; 《잠언집》(1805, 1809).

124) 《해석학》, 8쪽 참조.

러한 기본 입장, 처음에 구상된 원리와 학문적 형식이 수년간에 걸쳐 형성된 최후의 구상에 결정적이라는 사실을 알고 있다. 그의 사고권의 치밀한 통일성과 그것이 구체적으로 형성되는 과정에서 형식적 요소의 지배를 받음으로써 첫 번째 기획은 자신의 고유한 산출에 더 큰 비중을 두고 있다. 그것은 자신의 해석학 이론에서 본래 의도(Keimentschluss)와 그것의 형성에 관한 학설의 형태로 매우 특이하게 전개되고 있다.

우리는 여기에 혼재된 사고를, 마치 조각난 시간 속에서 문헌을 산출해 내듯, 내적 질서에 따라 한데 모은다. 에르네스티의 두 번째 주요 부분을 생략함으로써[125] 첫 번째 기록이 해석학의 영역을 좁히게 되면서 그의 원리는 에르네스티와 반대의 입장에 서게 된다. 아무런 원칙도 없이 그는 해석의 행위를 다루는 서문의 가장 중요한 자리에서 문법의 적용, 해석학적 규칙, 연습에 대해서 언급하고 있다. 마치 이들이 해석의 본질이 되기라도 한 것처럼[126]. 슐라이어마허는 그 자리에 필연적으로 간주되는 통찰력과 구성 능력을 설정할 생각을 하게 된다. 그리고 그와 더

---

125) 에르네스티, 〈서문〉, 《신약 성서의 체계적 해석》, 4쪽.

126) 에르네스티, 《신약 성서의 체계적 해석》 ∫ 6.

불어 이해—못함(Nicht-Verstehen)이 감각 없이 단어를 생각하는 것[127], 즉 실제로 단어가 이해에 별로 도움이 되지 않는다는 낡은 설명 방식 대신, 어느 누구도 단어의 전체 의미를 직관할 수 없다는 설명을 집어넣는다[128]. 그는 저술가의 이러한 구성을 흔히 여러 작은 단위로 저술을 나누어 구성하는 방식과 전혀 다르게 보고 있다. 이것에 따라 이제까지의 해석학 방식과는 다른 방식이 나타난다. 즉 이제까지 해석학을 다루는 방식은 별다른 이해의 기술 없이 출발한다. 이해는 무의미에 봉착할 때까지 어떤 기술도 필요로 하지 않는다. 그러므로 모든 규칙은 자의적인 것이나 본래 응급수단이다. 그리고 또한 그것은 대부분 해석의 이전 실수를 보여주기 때문에, 가령 우리가 저술가의 목적으로부터 어떤 대목을 설명해야 할 경우처럼, 삐딱하게 보이지 않을 수 없다[129].

해석학적 원리의 심리학적 전제 조건으로서 다음의 사실이 드러난다. "사고는 대상적인 것이나 사물로서가 아

---

127) 에르네스티, 《신약 성서의 체계적 해석》.

128) 슐라이어마허, 키메를레 편, 《해석학》 2, 31쪽: "사람들은 단어가 쓰이는 영역의 전체를 체계적으로 보는 것이 아니라 단지 어느 하나의 개별적 활용에 만족할 뿐이다."

129) 《해석학》, 28~30쪽 참조.

니라 사실로서 취급되어야 하며[130], 궁극적으로 피히테 학문론과 이러한 해석학적 구성 원리 사이의 연관 관계가 제삼자에게 분명하게 인식될 수 있도록 투명하게 드러나야 한다. 하지만 어떻게 이러한 원리로부터 하나의 구조를 이룰 수 있는가? 우리는 이미 이 문헌을 저술할 당시의 한 편지에서 슐라이어마허의 견해를 언급한 바 있었다[131]. 그는 여기서 문법적 설명에 관한 구성 원리에 들어있는 불필요한 요소를 시사해 주고 있다. 여섯 번째 기록[132]은 완전한 해명을 하고 있다. 이것은 단지 문법적 해석과 역사적 해석의 이원 분류의 지속적인 형성 과정이었음을 입증하고 있다. 우리는 여기서 실제로 해석학 기획의 역사적 관점에서의 진보를 역력히 볼 수 있다. 두 개의 구분되는 관점으로 문법적 해석과 역사적 해석이, 점차 더 예리하게 구분되면서, 등장하게 된다. 그것들의 낡은 결합이 다시 수용되어 모루스[133]에 의해서 완결된다. 모루스의 분류 방식에서 슐라이어마허는 출발하고 있다. 그는

130) 《해석학》2, 32쪽.

131) 《편지》 II, 26쪽 이하.

132) 《해석학》 2, 31쪽 이하.

133) 모루스, 《신약 성경 해석에 관하여, 아크로아세학파》, 7쪽.

이것을 자신의 원리로부터 객관적 해석과 주관적 해석의 구분으로 전환하였다.

"구성의 관점에서 보면", 전자는 단지 부정적이요, 전체를 나타내지만, 후자는 긍정적이다. 이 둘이 항상 일치하는 것은 아니다. 왜냐하면 이것은 언어에 대한 완전한 지식과 올바른 활용법을 전제로 하고 있기 때문이다[134]. 우선적으로 슐라이어마허는 해석의 과제가 독자의 직접적인 위치로 들어가 스스로를 위치시키는 것이라는 생각, 즉 해석의 역사적 방향에서 도출되는 그런 생각으로부터 또 다른 학문의 구성을 시도한다. 여기에서 출발하는 그의 기획은 다음과 같다. "서문. 해석학의 설명. 에르네스티 해석학의 축소. 그 영역의 확대. 그 영역을 다루면서 나타나는 어려움[135]."

"서문: 1. 저술가와 독자의 공통점 이해. 2. 저술가의 독특성 이해, 이것은 독자(로서: 원 편집자 주) 그를 추후 구성함으로써 가능하다[136]." 이 대목은 추후 이어지는 기

134) 《해석학》 2, 31쪽 이하.

135) 《해석학》 2, 33쪽.

136) 《해석학》 2, 33쪽.

록에 따라 다음과 같이 구성되어 있다. 1. "조화적 통일성과 개별성 이념에 대한 연구(는 일반적인 것이다: 원 편집자 주)" 2. "심리적인 것과 인성적인 것의 조화적인 다양성에 대한 연구(는 특수적인 것이다: 원 편집자 주)[137]." 3. 독자의 독특성 이해. 추후 이어지는 기록에서 이에 대한 설명을 볼 수 있다. "3장의 본질은 본래 조절에 대한 진정한 생각이다. 이것은 일반적이지는 않고 다만 대화, 소논문, 특정한 교수법에만 속한다[138]."

문법적 측면 또한 저자의 특유성에 속하며, 그것을 다른 일반적인 것과 구분할 수 없고, 동시에 심리적 측면을 포함하고 있기 때문에, *이러한 기획*[139]이 얼마나 엉성한지를 금세 알 수 있다. 하지만 마지막 장은 겉으로 보기에 논리적으로 결합되어 있는 것 같음에도 불구하고, 만일 그가 나중에 역사적 정황을 고려해 넣었더라면, 일종의 부록으로 남았을지도 모른다. 이 기획에서 나타나 있는 것처럼, 조절학의 범주를 자신의 체계 안에 수용하려는 노력이 물론, 계속적으로 살펴보면, 슐라이어마허의 해석학에 매

137) 《해석학》, 34쪽.

138) 《해석학》, 34쪽.

139) 원래 "그것(er)"으로 되어 있음.

우 본질적이면서도, 이전 해석학에서 결코 무시될 수 없는 요소를 더하는 결과를 가져오게 되었다. 하지만 그 요소들이 지금은 완전히 누락되고 말았다. 그리하여 우리는 이제 이 기획이 그의 해석학에 지속적으로 영향을 미쳤다는 흔적을 전혀 찾을 수 없다.

자신의 원리로부터 그는 이제 매우 열정적으로 저자에서 출발하여 작품을 재구성하며, 언어와 형식의 작품 산출 과정을 학문적으로 직관하는 새로운 입장에서 이전의 관찰들을 깊숙이 파고든다. 그는 언어에 대해서 부가하기를, 기독교주의는 언어를 만들었고, 애초부터 힘을 키워주는 언어 정신이 있었다. 개념으로 불리는 모든 것이 언어에서는 직관과는 달리 반성으로 물러나게 되었다. 감각적으로 매우 정확하고 좁게 규정된 단어들이 기술적인 것들이다. 원래 모든 단어는 단지 하나의 의미를 가지며, 인간은 원천적 통일성으로 환원하지 않고서는 다양성을 분명 이해하지 못한다. 구릉, 산, 계곡, 협곡 등 소위 말하는 유사어는 다양한 직관에서 나온 것이다.

이러한 언급이 정교하기는 하지만 그 안에서 언어의 본질에 대한 근본적인 통찰을 해내지는 못하고 있다. 그리고 이미 여기서 하나의 결함이 드러난다. 즉 언어와 양식이 통합된 깊이에서 작품을 파악하려는 초기의 거대한 경향이 단지 부분적으로만 실현되었던 것이다. 훨씬 심오한 것은 에르네스티와 모루스가 자극을 주었던 비유와 형태에 대한 탁월한 기록이다. 이 지점에서 해석학 원리의 심리학적 전제의 출발점이 엿보인다. “비유의 정반대 관점”을 “단어의 객관적 관점에서 취한다[140].” 이와는 달리 그는 자신의 관점을, 앞서 다루었던 바와 같이, 비유와 형태로부터 발전시킨다. 왜냐하면 그것이 인쇄된 노트 안에 담겨져 있는 내용에 대한 매우 중요한 보론을 포함하고 있기 때문이다. 그가 얼마나 모든 해석학의 부분들을 자신의 원칙과 연관지으려 했는지를 또 다른 기록이 보여준다. 일련의 원리와 명제를 설정하고 있는 모루스(16쪽)와는 달리 그는 다음과 같이 언급하고 있다. “언어 활용과 비교의 원리는 결코 공리가 아니며 실제로 보여주지 않으면 안 된다[141].” 에르네스티의 문헌을 제2부에서 더 이상 다루지 않으므로 우리의 진술은 문법적 부분에서 끝난다[142].

140) 《해석학》 2, 35쪽.

141) 《해석학》 2, 32쪽.

142) 문법적 해석에 대한 각주 사이에 다음과 같은 메모가 남아 있다. “작품, 연구와 간간이 집필된 저술들은 … 해석학적으로 중요”하다. 이 메모는 플라톤 연구의 부수적인 기억으로부터 그에게 갑자기 떠오른

매우 드물게, 단지 몇몇 각주의 형태로 신약 성서의 특수 해석학이 다루어진다. 이것은, 만일 필요하다면, 일반 해석학이 이 체계에서 원초적이며, 본질적이라는 사실을 입증해 주는 새로운 증거가 될 수 있다.

이러한 기획으로부터 다음과 같이 그의 해석학이 성장한 주도적인 사고가 등장하게 된다. 해석의 본질은 저자의 생생한 행위로서 작품을 추후 구성하는 일이다. 이와 함께 산출하는 행위의 본성으로부터, 언어 및 예술 형식과의 관련을 통해 이러한 추후 구성을 학문적으로 정립하려는 해석 이론의 과제가 등장한다. 이 원리는 이전 체계와의 관계에서 볼 때 여러 면에서 상충되거나 전혀 새로운 모습을 취함으로써 슐라이어마허의 해석학 체제가 탄생하게 되었다.

우리는 이제 이 체계의 입구까지 오게 되었다. 우리는 여기까지 오면서 슐라이어마허의 저작과 당대의 뛰어난 저작들, 가령 실러의 미학적 저술들, 훔볼트의 《괴테의 헤르만과 도로테아》, 슐레겔 형(A. W. Schlegel)의 미학적 연구와 같이 여러 면에서 독자들의 마음에 솟구치는 다양하고도 매혹적인 관계로 우리의 길을 장식하지는 않았다.

것이었다. 《해석학》 2, 33쪽.

왜냐하면 가장 중요한 것은 부차적인 영향력과 관계로 인한 혼란 없이 피히테에서 슐라이어마허의 해석학적 체계까지의 사고 발달에 대한 역사적 흐름을 직선적으로 서술하는 것이기 때문이다. 우리가 했던 것보다 기꺼이 이 관계를 좀 더 자세하게 다룰 수도 있었을 것이다. 왜냐하면 이 작품의 의미, 아니 그것의 단 한 페이지도 그 기원을 두고 있으며, 지금도 여전히 그 영향을 받고 있는 위대한 역사적 학문을 완전히 뒤바꿔놓은 운동과의 전체적인 관련 없이는 그것의 특유성을 전혀 이해할 수 없기 때문이다. 생산적인 나의 위대한 철학적 발견으로부터 언어학, 신화학, 체계들의 역사, 종교학, 미학, 해석학을 근거 지을 수 있었던 그 사람들이야말로 행복한 사람들이다. 엄청난 사고 운동에 자신의 저작을 통해 영향을 끼친 일면적 힘과 이상주의적인 자기 확신 자체도 창조적 시기와 개성의 특성에 속한다.

제3부
이전 해석학 체계와의 관련 속에서 슐라이어마허 해석학의 비교 서술

1. 학문들의 체계 속에서 해석학의 위치

앞서 언급한 첫 번째 기획이 이루어진 후부터 우리는 슐라이어마허 해석학이 형성된 흔적을 찾지 못하고 있다[143]. 뤼케의 판본에서 드러나듯이, 그것은 마지막 시기에 해당된다. 이 시기에 슐라이어마허의 논리적 정신은 이미 끝없이 정교하지만 세세한 기본적 사유로 얽힌 체계망을 구성하고 있었다. 이러한 방식의 체계를 아는 자라면 누구나 해석학의 모든 기본 입장이 고차적 학문의 세계로 되돌아간다는 점을 미리 짐작할 수 있을 것이다[144]. 슐

143) *1809년에서 1819년까지 슐라이어마허의 해석학은 지속적인 발전을 하게 된다. 이러한 발전은 그 자신이 1810년부터 1819년까지의 "해석학의 첫 번째 기획"이라고 명명한 해석학 기획안에 분명하게 드러나 있다. 키메를레(Kimmerle)는 〈문법적 해석학〉이라는 제목을 지닌 서문과 제1장을 포함한 이 원고를 《원고 II》로 출판하였다. 뤼케(Luecke)는 1819년경 슐라이어마허의 또 다른 원고를 정리하여, 이전의 강연들로부터 "보존할 가치가 있고, 한데 묶을 수 있다고 여겨지는" 것들을 하나로 모았다(《해석학》 XI). 이때 이전 자료의 출처에 대해서는 특별한 언급을 하지 않았다.*

144) 다른 주요 관점에서는 (《해석학》 16, "∫ 10 언어에 관하여") "변증법"의 기술적 부분의 세부 사항까지 검증하면서 들어가는 것이 필연적이었다. 그런 이유로 본문에서는 단지 일반적으로 서술될 수밖

라이어마허의 체계는 **사유와 존재 안에서 실제적 연관의 발달로서 논리적 분류를 설정**한 철학의 유형에 속한다. 이러한 그의 철학의 방향은 우리가 **미학적 관점**이라고 부르는 것과 밀접한 관련이 있다.

1) 실제적인 것의 설명으로서 미적 직관과 논리적 분류

분명 양자에는 세계 전체를 포함한 **연속적인 사물의 질서에 대한 형이상학적 사고**가 바탕에 깔려 있다. 즉 세계는 유일하고 필연적이며, 자체의 내적 법칙 속에 근거를 두고 있는 전체로 나타난다는 것이다. 이것으로부터 한편 예술 작품으로서 세계의 직관과 이러한 전체의 모든 부분에 걸쳐 이러한 관점을 실행할 수 있게 되고, 다른 한편 세계의 설명으로서 개념의 논리적 분류가 가능하다. 왜냐하면 후자에서는 감각 세계가 제공하는 문제와 그 안에서 사고가 움직이는 모순들이 지각되지 않는다. 이것을 숙고하는 것으로부터 슐라이어마허는 상당히 멀리 떨어져 있었다! 이것으로부터 다음과 같은 결론이 도출된다. 즉 정신이 표상과 개념 안에서 형성되어 언어로 표현하는 내적 세계는 결코 그것의 **주관적** 산물로서, 감각의 자극으로부터

에 없었다.

자발적으로 형성되는 것이 아니다. 이로써 자발성과 유사한 요인으로 환원되는 철학적 전환의 요소가 나타날 수 있다. 오히려 **사고와 존재**의 통일성이라는 자의적 전제를 통하여 현존의 실재가 보장될 수 있다. 그리고 이러한 현존이 사고의 전제를 이룬다. 모든 철학적 작업의 의의는 개념들의 집합으로 구성된 이러한 현존 세계에 대하여 철학적 형식, 즉 내적 필연성의 형식과 통일성을 부여하는 데 있다. 왜냐하면 이것 또한 세계의 내용이기 때문이다. 슐라이어마허가 취하는 변증법에서 유독 눈에 띄는 부분은 바로 전체 체계를 동일하게 관통하고 있는 체계 형성의 방법과 대립의 이중적 방법이 순수한 가정일 뿐이며, 그것 없이 현존 세계를 설명할 수 없는 것이 아니라 오히려 이러한 도식에 현존 세계가 더해지는 하나의 방법, 즉 그렇게 필연적이지 않은 방법으로도 충분하다는 점이다[145].

2) 판단력 형성의 우위

설명하는 체계에서는 판단력 형성이, 분류하는 체계에서는 개념 형성이 우선시되는 것과 같이[146], **사물이라는**

---

145) 《변증법》, ∫ 209 이하와 특히 ∫ 218 이하 참조.

146) 원래 독일어 wie를 dass로 표기함.

강물은 정연한 형식의 전체로 바뀐다. 긍정적 대립의 상호 작용 속에서 슐라이어마허의 경우 생성과 감각 세계의 무한한 다양성이 고동친다. 식물과 동물의 성별 질서와도 같이 직관의 눈앞에서 인류의 삶은 영원히 동일한, 소박한 형식 규칙으로 형성된 정연한 형식들의 굳건한 틀 안에 질서 지어진다.

3) 생기(生起)의 정연한 형식으로의 전환

이러한 방법으로부터 슐라이어마허는 윤리학에서 인간 실존을 포괄하고 있다. 그것은 사변적 자연과학과 경험적 자연과학이 서로 관련이 있는 것처럼 역사학과 관련이 있다. 그 안에서 우리는 생성에서 존재로 나올 수 있다. 시간의 흐름으로부터 우리는 그 안에서는 변화가 전혀 없는 개념의 지적 공간 속으로 들어간다. 인간 문화의 역사적 생성의 상(像)이 여기서는 시간이 없는, 정연한 형식으로 전환된다. **생기 자체는 영원의 관점 하에서(sub specie aeternitatis) 직관된다.** 이러한 문화를 인간 역사의 경과에서 나오는 것처럼 다양한 동기에서 설명하던 방식이 이제는 그것의 존재를 절대적인 것과 그것의 대립에서 설명하는 방식으로 전환하게 된다.

이 점을 우리는 충분히 강조할 수가 없다. **왜냐하면 해**

석학이 하위 영역으로 속해 있는 윤리학과 궁극적으로 그 것으로부터 파생된 해석학의 구성은 역사적 다양성과 운동이 시간성 없는 개념적 주요 형식으로 전환되는 바탕 위에 그리고 설명 원칙과 대비되는 분류 원칙의 바탕 위에 가능하기 때문이다.

4) 윤리학 체계 안에서의 해석학의 위치

(1) 동일한 것과 고유한 것

윤리학에 포함되는 인간 활동의 체계에서 해석학은 어떤 위치를 차지하고 있는가? 우리는 슐라이어마허의 해석학이 처음부터 일반적인 인간의 형식으로서 고유한 것에 대한 직관을 바탕으로 세워졌다는 것을 알고 있다. 그 질문은 좀 더 구체적으로 다음과 같이 규정될 수 있다. 윤리학은 어떻게 이러한 대립을 해석학의 기초로 발전시키는가? 윤리학은 이성과 자연의 생성적 합일(合一)에서 출발한다. 이것으로부터 바로 고유한 것과 일반적인 것의 관계가 나온다. "이성은 종(種)으로 설정된 인간적 본성과의 원천적 합일로 인해 존재의 개별성 형식으로 설정되어 있고, 공간과 시간 내에서는 가능하지만 관념적으로는 결코 개별적인 것으로 설정될 수 없기 때문에, **윤리적 개별자는**

어느 것이나 내적으로 상이한 것, 즉 하나의 고유한 것이 될 수밖에 없다[147]**.**" 이것으로부터 개인의 모든 산출물에는 필연적으로 일반성과 동시에 고유성이 들어 있다는 결론이 도출된다[148]. 왜냐하면 개인 자신은 동일성의 성격과 동시에 고유성의 성격을 지니고 있기 때문이다[149].

이와 함께 개별적 이성의 활동은 이중적 관계, 즉 한편으로 동질적인 이성이 활동하는 전체 기관과 상징의 체계, 다른 한편으로 개별 존재 자체의 체계와의 관계를 갖고 있다. 첫 번째 관계는 동일한 것과의 관계, 즉 모든 다른 상황에서도 항상 동일한 방식으로 존재하는 것을 나타낸다[150]. 하지만 두 번째 관계는 한 개인의 모든 기능의 결과를 어느 누구에게도 양도할 수 없음을 나타낸다.

(2) 지식과 감정

이 대립을 **상징적 활동** 영역으로 들어가 살펴보자!

왜냐하면 바로 이 영역과 해석학이 접목되어야 하기

---

147) 《윤리학》 ∫ 130b 94쪽.

148) 《윤리학》 ∫ 158 참조.

149) 《윤리학》 ∫ 132, 96쪽 참조.

150) 《윤리학》 ∫ 157, 117쪽 참조.

때문이다. "자연이라는 이름은" 한편으로 "개별 존재가 다수로 쪼개져 있음에도" 불구하고, 원래의 개념과 의식의 법칙 및 그것을 다루는 방식이 전부 동일하다는 전제하에서 **모두 동일하다**[151]. 자연은 그 자체로 필연적인 전달 가능성을 지니고 있다. 이러한 동일성과 전달 가능성의 표현은 사고와 언어의 공존을 말한다[152]. 지식의 공통성에 대한 가장 예리한 관계를 슐라이어마허는 다음과 같이 말하고 있다. 즉 이 분야에서 "어떤 개별 존재의 이러한 사고가 완성되느냐, 그리고 그러한 내용으로 규정되는 사고가 동일한가"[153] 여부는 전혀 중요하지 않다. 이러한 무조건적 전달 가능성과 사고와 언어의 분리는 상응한다. 내적 언어가 아닌 모든 지식은 혼란스러울 뿐이다[154].

동일적인 것의 형식 내에서의 상징적 활동과 개별적인 것의 형식 내에서의 활동은 서로 맞서 있다. 이러한 차이가 양적인 것이 아니라 질적인 차이라는 사실을 기억하기 바란다. 이제 의식의 형식과 법칙이 동일하기 때문에, 이

---

151) 《윤리학》 ∫ 168, 129쪽.

152) 《윤리학》 ∫ 170, 131쪽 이하 참조.

153) 《윤리학》 ∫ 170, 132쪽.

154) 《윤리학》 ∫ 170, 133쪽 이하 참조.

러한 차이는 단지 복잡다기한 기능들이 전체와 연결되어 있는 방식, 즉 "삶의 통일성 안에서의 그것들 간의 관계의 상이성 안에서"[155] 찾을 수 있다. **이러한 연결 방식에 대한 표현이 감정이다.** 이성 양식의 독특한 표현으로서 그것은 이와 같이 특별하게 존재한다. 여기에서 지식 자체가 전달 가능한 것처럼 감정이 양도될 수 없다는 사실이 도출된다. 이러한 양도 불가능성이 없다면 개인들의 다양성은 본질적으로 사라지고 말 것이다.

이러한 대립의 이중성

가능한 대립의 추상화(抽象化)를 위해서 이것을 다시 지양(止揚)해 보자! 그 어떤 이성 행위도 동일적인 것과 개별적인 것과의 연관을 떠나 생각할 수 없듯이, 명명적인 것과의 관계를 떠나서도 마찬가지다. "단일성과 개별성이 어디서나(함께 존재해야 한다: 원 편집자 주)는 요청은 상징적 활동의 경우 **사고와 감정의 상시적 공존**을 통하여 채워진다[156]." 감정은 자체로 무언어로, 파악할 수 없고, 사고는 모든 면에서 동일적인 화법이다. 실제로 이 둘은 어

---

155) 《윤리학》 ∫ 170, 136쪽.

156) 《윤리학》 ∫ 176, 142쪽.

느 하나가 우위를 점하기도 하지만 항상 하나이다. 이것들은 이중적 대립을 형성한다[157].

(3) 분석적이며 종합적인 전진, 학문과 예술

이러한 이중적 대립 속에서 정신 활동이 어떻게 구성되는가? 그 요소들을 살펴보면, 동질적인 것이 주가 되면 지각으로, 차별적인 것이 주가 되면 감정으로 나타난다. 전자는 정신 활동의 객관적 측면을, 후자는 주관적 측면을 나타낸다. 정신 형식은 이러한 요소들 내에서의 전진을 의미한다. 전진에서도 구분이 필요하다. 통일성에서 부분들로의 전진 혹은 분석은 주로 동질적인 것이다. 통일성에서 다른 통일성으로의 **전진**(“**종합**”)은 주로 차별적인 것이다. 즉 이것은 고유성을 표현하고 있다[158]. 만일 우리가 상징적 활동의 산물을 관찰할 때, 그 안에 동질적인 것 혹은 지식의 방향이 주를 이루는 한에 있어서, 이 안에는 마찬가지로 고유한 것이 조합을 통하여 함께 설정되어 있다. 왜냐하면 이것은 종합에 바탕을 두고 있기 때문이다. **발견술로서뿐만 아니라 건축술로서도 이러한 조합 방법**

157) 《윤리학》 ∫ 171 이하 참조.

158) 《윤리학》 ∫ 245, 246쪽 참조.

이 예술이다. 즉 그것은 그 안에 고유적인 것의 발전적 요소를 내포하고 있어서, 체계 형성의 최고점인 건축술을 조합의 주관적인 요소 혹은 객관적인 요소의 비중에 따라 변증법으로부터 구분할 수 있도록 해준다[159]. 다른 한편 종합적 조합은, 그것이 분석되지 않는 한, 즉 지식이 되지 않는 한, 개인적 영역에 속하게 된다. 개인적인 조합의 산출이 좁은 의미의 예술이며, 그것의 능력이 상상력이다. 지식 속에 예술이 들어 있듯이 예술 속에 지식이 들어 있다.

종합 : 해석학의 과제는 이러한 대립의 균형 유지에 있다

이 결과들이 해석학에 주는 시사점을 종합해 보자! 그것의 전제는 고유한 것과 동일한 것, 감정과 인식, 예술과 학문 사이의 대립이 갖는 이중적 성격이다. 이로부터 이해 불가능한 요소와 이해 가능한 요소가 모든 작품을 관통하고 있다는 결과가 도출된다. "만일 이해 불가능한 요소가 공통적인 것과 전달 가능한 것이 되지 않는다면, 삶의 통일성과 개별적 인간들이 공유하고 있는 이성의 동질성은 지양될 것이다[160]. 해석학의 문제는 여기에서 발생한

---

159) 《변증법》, 305쪽 이하 참조.

160) 《윤리학》∫ 175, 141쪽 참조.

다. 즉 그것은 바로 언어와 분석적 사고에 들어 있는 담화의 동일한 것 혹은 객관적 요소와 자유로운 종합 속에 들어 있는[161] 이해 불가능한 것과 개별적인 것 사이의 균형 유지이다. 모든 이성의 행위가 한편으로 동질적인 행위의 객관적 체계에 대해서, 다른 한편으로 원저자의 고유성의 주관적 연관에 대해서 이중적 일반 관계를 갖는다는 사실을 위에서 보았다면, 그 문제는 개별 저작을 이와 같은 이중적 통일성으로 파악함으로써 해결될 수 있다.

이러한 문제에 이르기까지 우리를 인도한 것은 윤리학이었다. 만일 해석학이 이에 대한 답을 가지고 있다면, 이것(*즉 동질성과 개별성에 대한 일반적 관계*)은 **해석학의 윤리적 원칙**임에 틀림없다. **왜냐하면 이 관계가 그것이 발전되어 해석학 체계가 된 방법을 종합적으로 나타내줄 것이기 때문이다.**

5) 그의 윤리학에서 해석학 위치의 전위(轉位), 변증법과 해석학

우리가 우선적으로 해야 할 일은 여기서 극복되어야 할 것으로 보이는 어려움의 해결에 관한 것이다. 그 어려

---

161) 《윤리학》∫ 175, 306쪽. 각주 4 참조.

움은 대다수 슐라이어마허가 자신의 저서 《해석학》제3절에서 기술한 해석학과 여타 학문들과의 관계에서 비롯된 것이다. 여기서 윤리학에 대한 관계는 매우 놀랄 만한 논조 뒤로 밀려나 있다. "언어 또한 자연적 측면을 지니고 있다. 인간 정신의 차이 또한 인간과 지구의 물리적 요소에 의해서 조건 지어진다[162]." 윤리학에서 다뤘던 윤리적 삶, 농업, 교통과 같은 형식들 또한 물리적 요소의 영향을 받지 않는지 질문해 볼 수 있을 것이다. 여기에서 도출된 결과가 기술적 학문에 주는 시사점은 **윤리학과 물리학이 그것의 한층 더 높은 학문으로서 변증법으로 귀결된다**는 사실이 아닐까?[163] 하지만 변증법에 대한 간접적인 증거 외에 직접적인 증거도 있다. "언어는 실제로 존재하는 사고의 양식과 방법이다." 언어는 "사고의 공통성을 위한 매개"이다. 하지만 사고는 "오직 모든 사람들에게 공통적인 것을 산출하려는 경향"만을 갖는다. "여기서 문법과 해석학의 변증법에 대한 일반적 관계가 도출된다[164]." 그것은 곧 양자, 즉 변증법과 해석학이 **지식의 경향을 지니고 있**

162) 《해석학》, 11쪽.

163) 《해석학》, 11쪽 참조.

164) 《해석학》, 11쪽 참조.

는 사고를 대상으로 하고 있다는 것을 의미한다. 변증법이 사고를 구성하는 기술이라면, 해석학은 이것을 언어로부터 추후에 구성하는 기술이다. 담화의 전체 영역이 그것의 목적은 물론 아니다. 변증법 또한 좁은 의미에서 예술에 속하는 것을 분명히 제외시키고 있다[165]. 그리고 그 관계가 실제로 **변증법을 입증**해 주는 것처럼 보인다. 하지만 좀 더 신중하지 않으면 안 된다. 왜냐하면 지식의 이념을 실현하기 위하여 변증법에서 사고의 상대성을 해소해야 한다고 언급하고 있는 부분이[166], 이러한 이해 자체 내에서 지식의 이념이 실현되는 한, 예술 작품의 이해에서도 임시방편으로 취할 수 있기 때문이다. 위와 비슷한 진동 속에서 윤리학에서 해석학에 헌정된 문장들이 움직이고 있다[167]. 그것은 마치 우리가 그 문장에서 불안감을 감

165) 《변증법》, 305쪽 참조.

166) 《변증법》, 260쪽 참조.

167) 《윤리학》 ∫ 175, 306쪽, 각주 4 참조. 브라운(Braun), ∫ 189, 356쪽: "언어의 관점에서 볼 때 해석학의 기술적 분야는 다음에서 나온다. 즉 말은 오직 그것이 언어로 받아들여지고, 언어로 파악되는 한에 있어서 객관적 서술의 의미를 지닌다. 하지만 다른 한편 말은 개별적인 것의 행위나 행위 그 자체로 생길 수 있다. 물론 그것이 내용에 따라 분석 가능하며, 조금은 본질적이지 않은 요소들로부터 자유로운 종합을 그 안에 품고 있을지라도 양자의 균형이 이해와 해석을 예술로 만든다."

지하는 것과 마찬가지다. 도대체 해석학이 실제로 지식의 기술로서 지식의 영역에 속해야 하는가 아니면 달리 불리는 영역으로부터 배제되어야 하는가? “언어적 관점에서 바라보는 일”168)은 그와 같은 제약을 막아줄 것처럼 보인다. 하지만 이 관점이 여기서도 그렇고 앞서 언급한 저서 《해석학》의 구절에서도 그렇듯이 가장 본질적인 관점이다. 언어를 사고와 구별하게 되면, 해석학은 지식의 영역에 속하게 되고, 이때 해석학이 필연적으로 취하게 되는 입장은 지식의 영역에서의 기술로서이다. 우리는 이제 **전체를 한데 모아 모든 해석학적 기술로도 제거할 수 없는 이러한 진동의 원인을 통찰할 수 있는 지점**에 도달하였다. 슐라이어마허의 언어관은 언어를 개념 체계로 만들었고, 그것과 함께 언어를 지식의 영역으로 자리 매김하고 있다. 이로부터 해석학을 지식의 영역으로 위치시켜, 이를 지식의 기술로서 변증법에 종속적으로 만들려는 경향이 생기게 되었다.

그리하여 실제로 해석학에서조차 예술 작품에 대한 관계가 가끔 지식의 경향성이 있는 사유적 산물로 뒷걸음치는 경우가 있다. 이러한 추측은 적어도 해석학과 지식 산

---

168) 《윤리학》∫ 175, 306쪽. 각주 4 참조.

출 기술, 해석학과 예술 작품들에 대한 관계와 관련된 이러한 특유의 차이에 관해서 일어날 수 있다.

6) 이전의 체계들

우리의 결과로부터 윤리학에서 여기에 전개된 전제 조건들과 윤리학과 변증법에 대한 해석학의 전체적 입장으로부터 고유한 의미를 살펴보기 위하여, 학문의 완전 통일성을 주장하는 이론가에게나 관심이 있을 법한 이러한 인위적인 문제에서 잠시 벗어나보자. 다른 체계들과의 비교에서 우리가 이 지점에서 얻을 수 있는 이득은 오직 부정적인 것뿐이다. 18세기 들어서면서 처음으로 다양한 학문들 간의 생산적인 결합이 시작된다.

7) 라이프니츠와 비코의 예지(叡智)

그렇게 충분히 평가되지 못한 인물로서 **라이프니츠**는 처음으로 언어, 신화, 역사의 관련성을 시사해 주었다. 다른 방식으로 그보다 나이가 적은 동시대인 **비코(Vico)**와 그의 예지 넘치는《신학문》은 인간 사고의 가장 위대한 공적(功績)에 속하는 것으로, 최초로 역사와 철학을 가장 생산적으로 결합하였다. 그가 자신의 〈**시적 형이상학**〉과 〈**시적 논리학**〉[169]에서 제시하고 있는 바와 같이 고대 시인들의 해석 방법은 시인을 **한 시대 인간 정신의 대표자로서** 파악하려고 했던 슐라이어마허의 입장과는 정반대의 입장을 취하고 있었으나, 그럼에도 불구하고 사변적–역사적 학문으로서 해석 기술에 대한 견해를 포함하고 있었다. 하지만 이 두 사람에 의하면[170] **슐라이어마허가 최초로 그랬던 것처럼, 그것으로부터 참된 일반 해석학이 나올 수도 있었을지 모를 철학과 역사를 결합하는 경향은 사라지게 되었다.** 소위 일반 해석학은 이러한 관계에서 언급할 가치조차 없다. 그리하여 **이전의 에르네스티**와 같은 인물은 자신의 말할 수 없을 만큼 조잡한 작품에서[171] 해석학을 오직 그 당시 문헌학 규칙에 따라 모든 언어의 작품을 문헌학적으로 다루는 이론으로 이해하였던 것이다. **볼프 학파**는 해석학을 응용 논리학의 한 부분으로 간주함으로써 마치 자갈돌을 빗물받이 돌로 쓰는 것과 같이 이치에 맞지 않는 사고를 함으로써 최악의 결과를 초래하였다[172].

---

169) 베버(W. E. Weber) 편, 《신학문》(1822) 2권, 4장과 6장.

170) 원래 diesen(이들)에서 바뀐 표현임.

171) 《세속적 해석학 개론(*Compendium hermeneuticae profana*)》(1690).

172) 에르네스티의 "분석적 방법"에 대한 다양한 논쟁에 관해서는 II c

8) 해석학을 철학의 하위 영역으로 규정함(논리학, 심리학)

클라데니우스(Chladenius)가 담화와 저술을 해석하는 기술로서의 해석학을 심리학의 하위 범주에 넣은 것은 훨씬 더 생산적인 것이었다. 물론 슐라이어마허는 이미 이러한 확장에 대해서 커다란 가치를 부여하고 있었다[173].

해석학 이론을 심리학에서 도출하면서 그에게 역사적 저술에서의 '시점(Sehepunkt)'에 관한 학설과 같은 탁월한 생각들이 떠오르게 되었다. 자신의 학설에 충실하게 **논리학을 심리학적 고찰에 투영**하려는 경향을 지녔다는 점에서 그는 슐라이어마허의 선구자였다. 이 시점부터 **심리학적 해석**이 해석학적 제안들의 구호로서 더 자주 등장하게 되었다. 하지만 해석학을 심리학의 하위 영역으로 규정하는 일은 실제로는 일어나지 않았다[174]. 철학과 해

---

10 ʃ 33 참조. 이 외에도 그는 철학의 활용에 관하여 플라시우스와 비슷한 방식으로 말하고 있다. 위의 책 ʃ 27. 카일(Keil)도 정확히 그의 진술과 일치된 의견을 보이고 있다. 《신약 해석학》(1810), ʃ 23.

173) 《이성적 담화와 저술의 올바른 해석 입문》(lepizig, 1742) 참조. ʃ 177에서 그는 해석학의 위치가 이성론이 아니라 영혼론에 *따라야 함*을 보여주고 있다. ʃ 177, 97쪽: "…, *해석학이 부분으로 적용될 곳은 이성론이 아니다. 해석학은 그 자체로서 하나의 분과 학문이며, 그것은 영혼론에서 자신의 위치를 찾을 수 있다.*"

석학의 관계를 규정하려는 스피노자, 특히 칸트의 친구가 했던 시도들은 이러한 관계를 파악하는 데는 별다른 영향을 주지 않았다.

9) 해석학을 역사학의 하위 영역으로 규정함

학문적 방법에 의거하여 해석학을 철학의 하위 범주에 넣으려는 이러한 초기의 노력들이 거의 성공을 거두지 못하자 해석학을 역사학의 범주에 넣으려는 사람들이 명확한 규정을 위하여 간간이 등장하였다. **젬러**(**Semler**)의 노련한 정신도 그러한 규정을 할 수 없었다. **아이히호른**(**Eichhorn**)이 해석학[175]에 관한 그의 주목할 만한 제안에서 역사적 해석의 기본 운동으로서 동시대를 살고 있는 독자로의 전환을 촉구하고 있다. 이러한 생각의 바탕에는 역사학과 성서 사이에서 자신이 취한 입장과 유사한 방식으로 해석학을 역사학의 하위 범주로 규정하려는 의도가 깔려 있다. 카일(Keil)은 이러한 하위 범주에로의 규정 방식의 기본 입장을 단호하게 표명하고 있다[176]. 하지만 그

---

174) 카일, 《해석학》, 29쪽; 벡(Beck), 《비판적 주석학에 대한 고찰》, 15쪽. 그는 매우 신중하고, 섬세하게 그 관계에 대해서 언급하고 있다.

175) 〈성서 문헌의 일반 서지학〉 4권 1호(lepizig, 1792), 330쪽 이하.

176) 카일, 《해석학》, 7쪽 이하. 그에 의하여 말 혹은 저술의 의미 연구

는 농담조로 해석학을 역사학의 법칙에 종속시켜야 한다는 말을 할 정도로 역사에 대해서 말할 수 없을 정도로 무지한 생각을 가지고 있었다.

이러한 메마른 획일화를 생각해 볼 때 모든 학문을 최고의 원리에서 도출하려는 꿈은 수포로 돌아가게 된다. 해석학은 지나치게 팽팽하였을지는 몰라도 이러한 긴장된 노력이 어떤 결실을 가져왔는지를 보여준다. 왜냐하면 **해석학 또한 역사적 질료의 철학적 숙련을 통하여 비로소 학문적 형태를 얻게 된 학문에 속한다. 예를 들면 문법학, 언어학, 미학, 신화학도 마찬가지 경우다.**

10) 아스트와 슐라이어마허[177]

해석학을 철학적으로 다루어진 역사학의 하위 영역에 포함시켜 학문적 해석학을 기초한 슐라이어마허의 명성은 그의 앞길을 가로막고, 해석학과 관련해서는 오직 동일성 철학의 개념적 도취만을 가져다주었던 약삭빠른 사람에 의하여 금세 논란에 휩싸이게 되었다. 프리드리히 아스트가 이 분야에서 그렇게 커다란 존재는 아니었지만, 그

는 하나의 역사 연구가 된다.

177) 원 편집자 실수로 각주 내용 없이 다음 번호로 넘어감.

는 분명 역사의 철학적 구성이 처음부터 해석학에 가져온 해악을 명확하게 보여주는 데 일조할 수 있다. 슐라이어마허와 같이 그는 경험과학에 대한 철학의 지배에서 출발하였다. 이 둘은 역사에 대한 철학적 성찰을 통해서 해석학의 길로 들어섰고, 마침내 구성의 방법을 따랐다. 하지만 슐라이어마허에게 존재는 사물의 본질이었고, 셸링의 제자에게는 생성이 사물의 본질이었다. 슐라이어마허는 형식의 분류를, 아스트는 단계의 분류를 전제 조건으로 발전시켰다. 그러므로 아스트는 개별 저작을 그것의 최상위 전체로서 세계사적 단계와 관련지었고[178], 슐라이어마허는 본질적으로 개별성과 언어를 관련지었다[179]. 슐라이어마허는 독일인들 중에서도 유독 자유자재로 다룰 수 있었던 변증법적 형식 안에서 아스트와 볼프의 명제들을 검토하여 자신의 고유한 기본 원리들을 발전시켰다. 여기서 그는 아스트를 "안개주의자"[180]라고 논박하였다. 하지만 이러한 논쟁을 여기서 상세히 다루는 일은 별다른 의미가 없을 것이다. 왜냐하면 그것이 아스트의 비학문적 형식을

---

178) 아스트, 《문법, 해석학과 비판》, 170쪽 이하.

179) 〈해석학의 개념에 관하여〉. 《해석학》, 363쪽 참조.

180) 《슐라이마허전집》 III 3, 376쪽(안개주의자), 318쪽(안개성과 동요성).

겨냥하고는 있으나, 역사철학을 해석학에 적용한 아스트의 일반이론을 향하고 있지는 않고 있기 때문이다. 우리는 이것을 잠정적으로 아스트의 개별 성향과는 무관하게 시대의 특성에서 기인하는 것으로 보고, 슐라이어마허의 입장과 대비시켜볼 필요가 있다. 우리가 오로지 철학-역사적 체계의 자의적 구성을 꿰뚫어볼 수 있을 때에만 그 입장들을 비교할 수 있다. 왜냐하면 해석학적 적용에서 슐라이어마허의 기본 관점은 문헌학 역사에서 위대한 업적을 남겼고, 학문적 해석학을 정립하였기 때문이다. 그러나 셸링 철학의 말치장은 두 가지 중 어느 하나도 성취할 수 없었다.

11) 슐라이어마허와 빌헬름 폰 훔볼트

하지만 윤리적 전제를 비교할 때 또 다른 관계가 떠오른다. 그것은 바로 훔볼트와의 관계이다. 훔볼트의 슐라이어마허 관점과의 유사성은 **볼프가 고대학의 기술을 치장했던 몇몇 주(註)**에서 이미 드러난다. **그리스의 철학적 인식**은 여기서 문헌학의 대상으로 파악된다. 하지만 그는 슐라이어마허와 유사하게 개별성과 언어 그리고 국가의 관계를 생각하였다. 개인과 마찬가지로 **국적과 언어는 통일성으로 간주되고 있다**[181]. 하지만 이것을 관찰하는 방법은 둘 모두에게 있어 결코 순수하게 역사적이지 않다. 역사적 방법이라면 전체와 부분이 원인과 결과라는 시간적 흐름을 따를 것이다. 하지만 여기서 **모든 영역은, 개별성 혹은 언어를 막론하고, 창조적 이념에서 형성된 예술적 전체로서 파악되고 있다.** 그리하여 이 입장에서는 그 어느 곳에서도 순수하게 인과율적 순서는 등장하지 않고, 오직 잘 배열된 체계만이 나타난다182).

---

181) 빌헬름 폰 훔볼트, 폿트(Pott) 편, 《인간 언어 구성의 다양성에 관하여》 II(1876), 30쪽 이하: "국적은, 외적 관계로부터 분리하여, **내적으로 고유한 정신의 길**을 따르는 인간의 개별성으로 관찰될 수 있고, 또 그렇게 되어야 한다."

182) 만일 우리가 인류 안의 현상들의 연관을 모두 발견하는 일을 포기하지 않으려고 한다면 독자적이고, 원칙적이면서 그 자체로 한정되거나 임시방편적이지 않은 원인으로 돌아가지 않으면 안 된다. 이를 통하여 우리는 내면을 지배하는 원리로 돌아갈 수 있다.

2. 성서 해석 방법과 해석학의 물리적 원리

1) 성서 해석 방법의 전제 조건

해석학이 우리를 철학적 역사학에 종속된 결과로 인도한 것과 같이, 그와는 대립된, 성서 해석 자체에서 나온 입장도 우리를 그와 같은 결과로 인도한다.

만일 해석 방법이 처음에 인간 정신과 인간 역사에 대한 시대의 직관에서 그리고 나중에 자발적 관심과 직관의 활용 과정에서 형성된 기술에 종속되면, 이러한 종속을 해석자가 별로 의식하지 못한다 하더라도, 이로부터 **이러한 전제들을 의식화**하고, 이러한 목적을 달성하기 위한 수단으로서 개별적인 성서 해석 방식들이 어떤 형식을 포함하고 있는지를 입증해야 할 **해석학의 과제**가 생기게 된다. 이렇게 올바르게 파악된 관계의 학문적 표현이 **해석학의 철학적 역사학에의 종속**이다. 하지만 해석학 안에서의 이러한 종속성의 표현은 **그것을 물리적 원리에서 다루는 것**을 의미한다.

2) 이 전제 조건들은 물리적 원리 없이도 의식된 것이다

물리적 원리가 오직 언어, 정신, 역사에 대한 관계를 의식적으로 직관하는 것에서, 그리고 고차적 학문을 해석학에 적용하는 것에서 생길 수 있다는 점은 분명하다. 방금 설명한 해석학의 위치가 인접 학문의 전체 안에서 파악될 때 비로소 그 원리는 학문적으로 아주 명료하게 드러날 수 있다. 이러한 직관을 이루려고 하는 산재된 성찰은 물리적 원리의 예감과 전제에 다다를 때까지만 계속될 수 있다. 그럼에도 불구하고 우리는 어떻게 물리적 원리가 해석과 해석 규칙 안에서 이 두 가지 과정의 내적이며 보이지 않는 통일성으로 이곳 혹은 다른 곳에서 더 분명히 나타나는지를 살펴볼 필요가 있다. 학문들이 서로 만나 그것이 마침내 명료한 개념이 될 때까지 계속되어야 한다.

3) 정신의 기계적-목적론적 직관 시기인 초창기

초창기에는 산출물의 연관을 거의 살펴보지 않았다. 작품을 단지 **저자가 전달하고자 의도했던 생각의 총합**으로서만 다루었다. 이러한 의도를 달성하기 위한 수단으로는 하나의[183] 전달 도구로 삼기로 한 약정에서 나온 언어와 논리적, 수사학적 보조 수단이 있다. 후자를 통하여 우리는 사고를 정립하여 궁극적으로 의도를 파악하고자 하

183) 원래는 zu einem이 아니라 als ein이었음.

는 목적을 이룰 수 있다. 전체를 순서대로 배열하는 것과 언어는 저자에게는 단지 수단적 관심이 될 뿐이다. 의도가 달성되고, 저자가 전달하고자 했던 개별적 사고를 파악하게 되면, 그 도구는 더 이상 필요가 없게 된다[184].

4) 수사학적 해석

멜란히톤의 탁월한 **수사학**, 아리스토텔레스와 키케로의 심층적 연구에서 나온 정교한 결과에서도 한 작품에서 수사학과 논리학이 발견한 내적 질서가 담화의 이해 가능성, 존속 가능성, 강조를 지향하는 의도의 순수한 결과물로 등장한다. 수사학 형식이 **이러한 과정의 직관에 어떤 영향을 끼쳤는지**를 결코 간과해서는 안 된다. 플라시우스가 받아들였던 수많은 소재(素材)에서도 그 형식은 도처에 관통하고 있으나, 수사학적 관찰 방식을 완전히 전환함으로써 그 형식은 점차 사라질 수 있다. 수사학적 형식에

---

184) 크리스티안 볼프, 《논리학》(1735), 143쪽 이하 참조(제2판): "만일 담화의 오성이 담화의 원저자의 생각과 일치하고, 원저자의 최종 목적에 부합한다면, 그 오성은 진실로 옳은 오성으로 불릴 수 있다."; 바움가르텐, 《성서 해석학》∫ 6, 22쪽; 에르네스티, 《신약 성서의 체계적 해석》(1761), 4쪽; 모루스, 《신약 성서 해석에 관하여, 아크로아세 학파》, 6~7쪽.

따르면 작품 안의 모든 것은 극단적인 목적론의 틀에서 관찰되지, 결코 내적인 것의 서술로 관찰되는 것이 아니다. 그것은 도처에서 의도를 보고 있지만, 사고의 필연적인 자기 형성은 어디에서도 찾을 수 없다. 개별적인 상념과 그것의 논리적 연관이 수사학적 형식의 본질을 이루고 있다. 모든 심리학적 관계는 소거되지 않으면 안 된다. 저작의 목적, 구성 요소, 위상 등을 다루면서 우리는 도처에 이러한 의도의 결과들과 직면하게 된다.

5) 논리적 해석

크리스티안 볼프가 완성한 해석의 논리적 방법은 이러한 직관의 연속선상에 놓여 있다. 볼프의 방법은 한 저작의 논리적 연관이 외적인 것일 뿐이라는 이미 플라시우스에게서 발견되는 생각을 날카롭게 강조한 것뿐이다. 물론 해석을 논리적 도식으로 본 것은 인간의 내면성에 대해서 생각할 수 있는 가장 빈약한 생각이다. 그 도식이 막히면 개념을 투입하고, 삼단논법을 개선하여 나중에 도움을 받아야 한다. 그것은 역사적 저작을 다루는 것으로는 어느 것도 할 수 없다는 그런 생각과 같다. 그러므로 논리적 해석 방법은 우리가 명제를 이해해야 한다는 요청을 결코 넘어서지 못한다. 그럼에도 불구하고 볼프 학파로부터 심리적 관찰이 나오게 되었다. 왜냐하면 이 체계는 부분적이나마 여전히 지적 자극을 주는 로크와 특히 라이프니츠의 생각을 포함하고 있었기 때문이다. 클라데니우스는 이 관계에서 높이 평가될 만하다. 박애주의자(Pietismus) 또한 나름대로 열정의 계통적 분류를 통하여, 비록 그것이 매우 비심리적인 것들이었지만, 이러한 방향을 촉진시켰다.

18세기 후반에 분명하게 나타나는 현상으로 해석학적 노력과 성서 해석의 노력이 양분되면서 물론 그렇게 정련되지 않았지만 **해석학의 세 가지 방향들**이 두드러지게 나타난다.

6) 문법적 해석과 역사적 해석으로 나누는 방법

문법적 해석과 연관된 **역사적 해석**은 가장 널리 퍼졌을 뿐만 아니라 가장 생산적인 것이기도 하였다. 에르네스티에게는 이 둘이 동일한 것이었다[185].

문법적 해석은 그에게는 단어들의 의미를 지향하는 역사적 해석이기도 하였다. 이 입장과 단어 하나 틀리지 않

185) 에르네스티, 《신약 성서의 체계적 해석》, 11쪽: "그러므로 문헌의 의미는 '문법'과 같다고 얘기되고, 역으로 '문헌'이라는 단어는 문법의 라틴어 번역어가 된다. 또한 '역사'는 부당하다고 말해서는 안 된다. 그것은 역사가 사실의 증언과 신빙성을 결합시키는 것이기 때문이다."

게 일치하는 것은 바로 **카일(Keil)**의 입장이다[186].

아이히쉬테트(Eichstaedt)는 그와는 달리 역사적 해석과 문법적 해석을 둘로 나누고 있다. 그는 심지어 해석자가 세 번째 해석으로 철학적 해석을 이 둘에 더해야 할지 말아야 할지를 선택하도록 하고 있다[187]. 역사적 해석과 심리적 해석이 서로 섞이게 되면서 이러한 혼란은 더욱 커지고 있다. 우리는 다수성은 물론 통일성에도 어떠한 가치를 부여하지 않는다. 왜냐하면 하나는 너무 형식적이어서 해석학을 실제로 깊게 다룰 능력이 없고, 다른 하나는 작품 속에 서로 얽혀 있는 관계의 전체적 연관을 파악할 능력이 없기 때문이다.

하지만 중요한 것은 **소위 이러한 역사적 해석의 전제로 깔려 있는 역사의 개념**이다. 그것은 그 시대의 감각주의와 일치한다. 성서 해석론자는 유사한 작가와 저작을 통틀어

---

186) 카일, 《신약 해석학》(1810), 8쪽: "그에 따르면" 담화나 저술의 의미 연구는 곧 역사 연구와 같다. 그러한 관점에서 볼 때 저술가의 설명과 성서와 같은 책에 대한 설명은 정당하게 하나의 역사 연구로 간주될 수 있다. 이와 반대되는 의견으로는 스토이들린, 《단일한 진리가 없는 역사로서 신약 성서의 해석에 관하여》(Goettingen, 1807).

187) 모루스, 아이히쉬테트 편, 《신약 성서 해석에 관하여, 아크로아세 학파》.

정신의 생산적 힘이나 개혁적인 힘을 믿지 않고, 개별적 연관과 개별적 형식에 주는 의미를 고려하지 않은 채 이러한 사고권을 추적해 들어간다. 한 시대 저작의 사고의 실타래가 이렇듯 다양하게 그의 손아귀에서 풀리게 된다. 왜냐하면 그에게 정신은 서로 교차하는 견해들의 통과점, 어느 견해와도 무관하며, 스스로의 존재가 없는 것과 같은 교차점이다. 우리는 여기서 로크의 백지설을 떠올릴 수도 있을 것이다. 시대가 그 학설을 거부하기 이전에, 젬러(Semler)와 같이 모든 인간에게 동일하게 스며들어 있는 자연 신학이나 도덕성에 대한 소질을 이러한 백지설에서 찾고 있는 점은 그나마 다행스런 일이다. 성서 해석론자의 관심은 여기서 그 시대 자체의 저작 너머에 있다. 그의 관심은 역사적이다. 그러나 그것은 단지 유사 심리학적일 뿐이다. 왜냐하면 동기와 영향[188]의 착종(錯綜)은 진실한 역사와 전혀 무관하기 때문이다. 이것이 관심의 전부라면 더 이상 설명할 가치조차 없다. 성서 해석론자의 관심은 참된, 연관된 관념의 역사 안에 깃들어 있다. 그 안에서 모든 진보는 단지 상대적으로 창조적인 행위로 파악될 수 있다. 이와 같은 그릇된 역사와 내적 삶의 동기를 낱낱이 쪼

188) 원래 Influxen을 Einfluessen으로 바꾸어 표기함.

개는 심리화가 결합함으로써, **생기(生起)의 실용주의적 견해의 이상**이 출현하게 되었다. **그 이상이란 사고의 세계를 원자로 잘게 부숨으로써 파악할 수 있다고 믿는 것이다.**

7) 미적 해석 안에서 종합하는 새로운 접근 방식[189)]

생각한 것을 단지 분석하는 이러한 방식과는 달리 낭만주의와 슐라이어마허가 명료화하기 이전에 **종합적, 즉 모방적 해석 원리**가 나타나기 시작하였다. 이러한 경향이 최초로 나타난 것은 **미적 해석**에서이다. **로스(Lowth)**[190)]는 이 분야에 하나의 이정표를 세웠다. 독일에서 미적 해석은 **하이네**의 노력, 문학적 운동과 함께 조우하게 된다. 그런 의미에서 하이네와 아이히호른 학파 출신으로, 역사적 해석과 미적 해석을 관련지으려 했던 **바우어(Bauer)**[191)]와 그로티우스(Grotius)의 초기 부분들을 다시 수용하였고, 마찬가지로 하이네에 의해 이 방향으로 인도되었

---

189) 원래 Beisaetze를 Ansaetze로 바꾸어 표기함.

190) 로버트 로스, 《히브리어로 된 성스러운 시들에 관한 시론》(런던, 1753; 1958, 1962). 독일어로는 미하엘리스에 의해 소개됨[1769; 1770 (제2판)].

191) *게오르크 로렌츠 바우어(Bauer), 《성서 해석학》(1797).*

던 **코페(Koppe)** 또한 일정한 영향을 미쳤다[192].

미적 해석의 대표자로서 낭만주의의 종합적 해석의 형성에 결정적인 영향을 준 **헤르더(Herder)**는 간략하게 설명한 바 있다.

앞서 살펴본 바와 같이 성서 해석을 **종합적 방법으로 다루게 된 것은 피히테 철학에서 그것의 확고한 시발점을 찾을 수 있었다.** 우리는 나아가 피히테의 체계, 헤르더의 모범, 괴테와 같은 시 운동의 영향을 받아 **낭만주의의 미적 추후 구성**이 어떻게 나오게 되었는지, 그 후 어떻게 슐라이어마허의 해석학적 원리가 이러한 요소들의 영향을 받아 형성되게 되었는지를 보여주었다. 자, 이제 다시 한 번 윤리학의 결과들과 연결해 슐라이어마허의 해석학을 다른 각도에서 살펴보자. 이를 통해 우리는 어떻게 해석학 원리가 체계에 대한 실망을 거쳐 위와 같은 영향을 받으며 탄생하게 되었는지를 보게 될 것이다.

8) 슐라이어마허 해석학의 물리적 원리. 추후 구성. 해석학은 기술학이다

192) 볼프 또한 문법적 해석, 역사적 해석, 수사학적 해석을 구분하였다[《고대학 저술》 I(1807)].

윤리학 이후 해석학의 일반적인 학문이 전승한 과제는 언어 자체 내에서 표현되는 동일적인 것과 구성의 종합적 요소들 속에 놓여 있는 고유한 것과의 균형을 찾는 데 있다는 것을 알고 있다. 이러한 과제는 서로 다른 두 지점 사이에서 움직인다. 하나는 저자의 개성, 왜냐하면 이것으로부터 작품의 종합적 요소가 나오기 때문이며, 다른 하나는, 개념의 체계로서 언어이다. 만일 우리가 작품의 언어를 순수하게 동일적인 것으로 생각한다면, 해석자의 일이란 기계적인 분석이 전부다. 만일 우리가 사고의 조합을 단지 개별적인 것으로 생각한다면, 해석자의 과제는 완전히 해결할 수 없을 것이다. 하지만 언어는 개별적 행위 안에서 항상 다시 생성되므로, 언어는 오직 과정의 내적 추후 체험을 통해서만 이해될 수 있다. 다른 한편 종합적 요소들은 여기서 분석적 요소들과 맞물려 있다. 종합적 조합은 추후 구성을 통하여 달성될 수 있다. 양자에는 공히 추후 구성적 조합으로 저자에 도달하려는 자유로운 행위가 존재한다. 하지만 이것은 결코 규칙으로 표현할 수 있는 것이 아니다. "우리가 일반 규칙을 의식하면서도, 부분에서의 그것의 적용이 결코 규칙으로 환원될 수 없는 종합적인 창조"를 우리는 기술이라 부른다[193]. **해석학은 이에 따르면 기술학(Kunstlehre), 즉 추후 구성의 기술학이며,**

그 이유는 이 방법이 앞서 언급한 두 관점을 바탕으로 등장하기 때문이다[194].

하지만 해석학은 구성 자체를 추후에 구성한다는 의미에서 추후 구성일 뿐이다. 추후 구성의 기술학은 규칙의 형식 안에서 작품이 생성되는 전 과정의 추체험이다. 해석학적 기술학이 존립 가능한 것은 오직 규칙이 사고와 언어의 본질에서 직접 생성된 기본 원리에 기초를 두고 있는 체계를 형성하는 한에서이다. 이제 결론을 내려보자: **해석학의 물리적 원리는 언어와 사고의 산물에 대한 통일적 이해를 바탕으로 저술가의 언어와 개별성으로부터 작품을 추후 구성해 나가는 이론이다.**

9) 저자가 자기 스스로를 이해한 것보다 더 잘 이해한다는 공식

이러한 추후 구성의 원리는 슐라이어마허의 공식에서

---

193) 짧은 서술. 《슐라이어마허전집》 I 1, ∫ 132.

194) 《슐라이어마허전집》 Ⅲ 3, 366쪽: "해석의 '기술학'은 사고의 결합 및 전달 방식과 이해의 방법이 하나의 완전한 연관 속에서 서술될 만큼 언어가 그 객관성 속에서 사고를 형성하는 과정으로서뿐만 아니라 사고 자체의 본질에 있어서도 정신적인 개별적 삶의 기능으로서 투명하게 관조될 때 비로소 탄생할 수 있다."

독특하게 표현되고 있다. 이 공식은 이전의 해석학에서 이해와 관련지어 하였던 소박한 요구와는 정반대의 입장을 *분명히*[195] 밝히고 있는 것 같다. **해석자는 저자가 본인 스스로를 이해한 것보다 저자의 작품을 더 잘 이해해야 한다**[196]**.** 만일 영혼이 자의적인 표상 곁에 비자의적인 표상을, 의식적인 표상 곁에 무의식적인 표상을 갖고 있다면, 피히테의 제자들에게는 이러한 학설에 대한 기억만으로도 충분하겠지만[197], 해석자는 저자의 사고의 움직임을 지속적으로 따라감으로써 무의식으로 남아 있는 많은 것들을 의식화할 수 있을 것이고, 결국 그는 저자를 그 자신이 스스로를 이해한 것보다 훨씬 더 잘 이해하게 될 것이다[198]. 그것은 바로 저자의 무의식적 표상의 어두운 심연까지 깊숙이 파고 들어간 지속적인 추후 구성의 승리이다. 이로 인해 해석자는 저자 스스로가 의식하지 못하고 있는[199] 언어 영역을 나중에 구성해 내고, 저자의 성급함

---

195) 원래의 표현은 recht wie였음.

196) 《해석학》, 32쪽 참조. *원래의 표현* : 해석자는 저자를 저자가 자기 스스로를 이해한 것보다 더 잘 이해하려고 해야 한다.

197) 이 학설이 "학문론"의 주요관점이다. 라이프니츠는 이미 자신의 "작은 관념들"에 관한 자신의 이론에서 이러한 관점을 지니고 있었다.

198) 《해석학》, 32쪽 참조; 《슐라이어마허전집》 III 3, 362쪽.

으로 인해 미처 의식하지 못했던 사고의 흐름을 설명할 수 있게 되는 것이다. 여기서도 다시 **가장 세밀한 부분을 파악할 수 있는 것은 바로 내적 형식과 그 안에서 수단을 발견할 수 있는 전체적 연관을 파악하는 일이다.**

10) 방법 개념상의 순환. 아스트

아스트는 이미 해석학의 과제가 순환 안에서 움직인다는 것을 인식하였다[200]. 개별자는 전체에서 이해되어야 하며, 전체의 이해는 개별자의 이해를 통하여 매개된다. 여기서 가장 중요한 해석학적 법칙이 명료해진다. 모든 이해는, 아스트가 지적한 것처럼, *예감*(Ahndung)[201], 즉 연관에 대해 언제라도 연기될 수 있는 가설에서 시작한다. 그것은 마치 모든 산출이 최초의 결단에서 이해되는 것과 마찬가지이다. 여기에서 **이러한 방법의 기술**로 간주될 수 있는 하나의 방법이 탄생하게 된다. 슐라이어마허는 이 방법을 정교화하기 위하여 모든 노력을 아끼지 않았다. 어떤 저술의 첫 번째 독해는 단지 목적에 대한 본질적

---

199) 《해석학》, 45쪽 참조. 이 부분의 목적에 걸맞게 슐라이어마허는 이 명제를 심리적 영역으로 국한시키고 있다.

200) 아스트, 《문법, 해석학과 비판》, 185쪽.

201) 아스트, 《문법, 해석학과 비판》, 186쪽. 원래는 Ahnung이었음.

연관 안에서 주요 사고를 잠정적으로 파악한 것에 불과하다. 그러한 파악은 잠정적인 것일 뿐이다. 두 번째 독해에 가서야 비로소 전체를 재생할 수 있다. 성서 해독의 방법을 원용하여 슐라이어마허가 즐겨 사용했던 방법이 나오게 된다. 즉 그는 전체 세목의 서술로부터 시작하여, 이때 단지 장의 구분만을 하는 것이 아니라 유연한 독해에 비견할 정도로 전체적 연관을 파악하였고, 텍스트 안에 내재된 어려움을 인지하였으며, 무엇보다도 중요한 부분의 구성 내부에 대한 뛰어난 통찰을 유지하였다[202]. 그런 후에야 비로소 해석 자체가 뒤를 이었다.

11) 관찰 해석학과의 관계에서 본 물리적 원리의 의미

전체의 내적 형식을 지향했던 이러한 방법은 그 당시 널리 유행하던 관찰 해석학과 날카롭게 대립하였다. 이미 첫 번째 기획에서 슐라이어마허는 그것의 탄생에 대해 설명하기를, 해석자들이 어려움에 직면하게 되자 곧바로 이러한 해석학 방법이 다시 단지 오해를 피하고자 하는 실천

---

202) 《해석학》, 89, ∫ 23쪽; 뤼케(Luecke) 편, 《슐라이어마허전집》 I 7, 36쪽: "*개별 저작 내에서조차 개별적인 것은 전체로부터 이해되어야 하고, 그러므로 그것은 정확한 해석에 앞서 전체에 대한 조망을 획득하는 연속적인 독해를 필요로 한다. 이것 또한 순환의 형태를 띤다.*"

상의 무기교성에서 탄생하였다는 것이다[203]. 이러한 형식적 설명을 넘어 어떻게 이러한 차이가 언어, 정신 그리고 역사에 관한 다양한 직관으로부터 생기게 되었는지는, 한편으로는 경험적 개별화로부터, 다른 한편으로는 철학적 결합 경향으로부터 시사된 바 있다. 왜냐하면 가장 중요한 부분을 반복하자면, 슐라이어마허의 해석학적 주요 공헌은 **그것이 산출 과정을 설명하며, 재산출 과정의 기초를 설정하는 한에 있어서 해석학은 언어와 정신에 관한 종합적인 철학-역사적 직관에 기반을 두게 되었다는 점이다.** 그 공헌은 두 관점에서 살펴볼 수 있는 바[204], 그 하나는 성서 해석 방법에 일대 전환을 가져왔다는 것이고, 다른 하나는 해석학의 학문적 형식의 기초를 다졌다는 것이다. 하지만 이 둘 모두에 있어서 슐라이어마허 철학의 기본 사고는 마치 빛의 굴절이 사방을 비추듯 작용하고 있다. 그리고 이것은 그가 창조적 개별성의 사고와 이에 상응하여 종합적, 전체의 형식을 지향하는 해석 방법을 최초로 문헌학적, 해석학적으로 실행하였다는 또 다른 표현일 뿐이다.

---

203) 《해석학》, 29쪽 참조.

204) 원래는 '두 가지 관점에서 두 가지로 나타난다'로 되어 있음.

3. 학문적 방법

1) 요약

우리는 서로 밀접한 관련이 있는 해석학의 두 요소를 구분하였다. 철학적 역사학과 결부된 물리적 원리의 한 측면으로서 **구성 과정의 서술과 성서 해석의 실제와 관련이 있는**[205] **규칙 부여**가 그것이다. 후자의 발전에 본질적인 공헌을 한 것은 슐라이어마허이다. 그러한 진전은 일반적 학문과 연관된 물리적 원리의 등장의 영향을 받고, 그 원리는 다시금 규칙 부여의 기초로서 모든 개별 부분에서 서술을 요청하였다. 우리는 이제 어떻게 규칙 형식 자체의 관점으로부터 학문적 방법의 요구에서 구성 과정을 서술하는 이러한 방향으로 관점이 바뀔 수밖에 없었는지를 보여줄 수 있다.

2) 성서 해석 과정의 추체험으로서 규칙들의 군집화

아무리 섬세하고 정교하다 할지라도 규칙의 단순한 결합만큼 학문의 형식이 불완전한 것도 없다. 성서 해석의

205) 원래는 '매개하는'이었음.

조작들이 단순하고, 더 이상 쪼갤 수 없는 방법으로 환원됨으로써 규칙이 생겨난다. 이 방법은 다방면에서 서로 비교하고, 상호 관련을 지으며, 마치 연습과 사색이 결과로서 가져다주듯이, 목적 혹은 대상이나 그 밖의 연관점을 통하여 일정한 통일성으로 묶어준다. 그것의 가장 불완전한 형태는 의심할 여지없이 어느 한 대상에 대한, 그것이 언어적 비유(Tropus)건 혹은 역사적 정황이건 간에, 일련의 규칙의 관계이다[206].

왜냐하면 그것의 도구로서 규칙이 형성되었던 목적은 **평범한 성서 해석 과정의 예술적 추체험에 대한 지침**이 되기 때문이다. 잘게 쪼개진 요소들이 그러한 추체험을 대표한다는 것이 얼마나 불완전한가! 이러한 과정 자체가 목적 안에 통일성을 지니고 있는 것처럼, **규칙형성은 규칙의 통일성을 목적으로 삼을 때** 그 과정에 점차 근접하게 된다. 그리고 추체험은 여기서부터 목적과 이를 달성하기 위한 다양한 방법이 등장하는 다양한 가능성들을 서술함으로써, 논리적 임밀성이 허용하는 한에서, 성서 해석 과

206) 플라시우스(Flacius)와 글라시우스(Glassius)의 경우에 매우 흔하다. 플라시우스는 특히 오래된, 잘 개발된 수사학에서 기원하는 부분들(가령, 저술의 목적에 관하여)에 관한 완전한 형식을 충분히 가지고 있다.

정이 모든 가능성과 경우를 그 순간에 그리고 직관적으로 포착하는 것처럼 보이는 유연한 운동성을 지닌 규칙 형성에 근접하게 된다. 이 분야에서 **카일**이야말로 가장 최후의 인물일 뿐만 아니라, 단연코 규칙을 설정하는 해석학자들 가운데 최고의 경지에 오른 인물에 속한다.

3) 이러한 형식의 불완전성이 구성적이며 재구성적인 과정 자체를 서술하게 한다

하지만 가능성들이 한데 얽혀 있는 관계가 규칙의 체계 안에서 아무리 정교하게 추체험된다 하더라도, 일련의 규칙들과 성서 해석적 처치와의 관계는 마치 자동 기계의 살아 있는 육체에 대한 관계와 같다. 그렇기 때문에 해석자 혹은 저자의 과정에 대한 형식적 서술 이후에 해석자와 저자의 내적 삶을 깊숙이 파고 들어가려는 욕구가 생기게 된다. 구성과 재구성의 관계는 마치 사물과 모사(模寫)의 관계와 같기 때문에 해석학은 사물의 그늘보다는 사물의 본질을 탐구하려고 한다. 학문적 형식의 성질에 따라 해석학과 미학 등이 사물을 체험하게 된 것은 하나의 발전이라 할 수 있다. 마찬가지로 형식 논리학은 로체(Lotze)[207)]

---

207) 루돌프 헤르만 로체, 《논리학》(1893) 참조.

의 손아귀에서 괄목할 만한 학문으로 성장하였다. 다만 해석학이 이제까지 해왔던 것보다 이들 학문들은 훨씬 더 결정적으로 규칙 부여의 유산을 폐기처분하였다는 차이가 있을 뿐이다.

그렇다면 이제 한 작품이 생성되는 과정의 다양성을 학문적으로 파악하여 서술하는 일이 어떻게 가능할 것인가? 우리는 여기서 다만 그것의 형식적 조건들과 관계가 있을 뿐이다. 왜냐하면 물리적 원리와 그것의 올바른 실행을 위한 학문적 기초는 이미 앞에서 전개되었기 때문이다. 그리고 이러한 제약 속에서도 경험 영역의 모든 철학적 작업에 거쳐 공통되는 것으로 멀리 떨어진, 하나로 독립된 지점에서 정확히 관찰될 수 있는 학문적 대립이 여기서는 다만 시사될 수 있을 뿐이다.

4) 구 해석학의 분류

우리는 슐라이어마허의 해석학과 구 해석학의 유사점으로부터 시작하고자 한다. **둘 다 분류 체계를 설정한다.** 만일 우리가 구 해석학의 분류 체계를 단지 관찰의 외적 질서를 위한 목적에 국한시키려 한다면, 그것은 이전의 체계를 제대로 평가하지 못한 것이나 다름없다. 실제로 그들 또한 분류를 통해 대상의 본질을 어느 정도 파악할 수 있다고 믿고 있다. 가령 플라시우스가 규칙을 저작과 인간 본성에서 창조된 것으로 분류한다거나 한때 유명세를 떨쳤던 글라시우스의 말의 비유에 의한 분류 방식이 그것이다. 특히 플라시우스의 경우 강렬한 논리적 충동과 함께 사물의 내면을 파악하려는 강력한 욕망 배후에 끊임없는 도식과 표들이 자리하고 있다. 하지만 이러한 분류 체계들은 분류해야만 하는 이유에서 본질적이지 않은 요소들을 우연적으로 포착하는 과오를 극복하지 못한 채 결국 우리에게는 단지 자의적 요소들에 의한 표본 수집의 의미 이상의 가치를 지니지 않게 되었다[208].

이러한 학문적 방법 이외에 이미 이것과 대립되는 **설명(Erklaerung)**의 방법이 서서히 고개를 들기 시작하였다. 지난 세기 경험 심리학에서 이 방법을 전승하였던 것과 마찬가지로 해석학에서도 그러한 현상이 나타나게 되었다. 그러한 입장을 지지한 사람은 바로 **클라데니우스**였다.

208) 이를 분명하게 보여주기 위하여 플라시우스의 도식을 여기에 제시한다[플라시우스, 《성서의 인식론적 근원》 II(Basel, 1629), 549쪽].

- Jejunium 사순절
  - Figurate dictum 형태적 용어
    - Synecdochicum 문체, 대비, 표현
    - Catachreticum 용어의 오용
    - Allegoricum 유비, 은유
  - Proprie dictum 특성적 용어
    - Profanum 불경 propter malum 악으로 인한 aliquod profanum 다른 불경
      - Prateritum 과거
      - Praesens 현재
      - Futurum 미래
    - Religiousum 종교
      - Pium 경건
        - Miraculousum 기적
        - Possibile 가능성
          - Intensius 의도
          - Remissius 무의도
      - Superstitiosum 미신
        - Meritorum 보상
        - Ostentationum 과시
        - Crapulosum 맹신

5) 작품이 생성되는 과정을 설명하는 데 있어 슐라이어마허의 방법이 갖는 가치

슐라이어마허의 방법과 구 해석학의 방법은 어떤 관계에 있는가? **과정 자체의 설명으로서 슐라이어마허의 분류 방법이 어떻게 등장하게 되었는지**는 이미 설명한 바 있다. 하지만 그것은 그의 해석학의 방법적 전제가 된다. 즉 **사고 및 언어 산출 과정은 대립의 형태로 전개**되며, 다시 말해서 좀 더 자세히 규정해 보자면 긍정적인 대립의 형식을 취하게 된다. 이 접근 방식은 이미 셸링(Schelling)이 발전시킨 것으로 플라톤의 《테아이테트(Theaitet)》에서 최초의 시도를 발견할 수 있다. 나아가 이 과정에서 원래 해석학을 규정하는 대립이 고유한 것과 동일한 것의 대립임을 이미 서술한 바 있다. 여기서부터 이제 해석학은 온통 일련의 대립에 사로잡히게 된다[209]. 이러한 형식을 구 해석의 분류 체계와 비교해 볼 때 두 가지 면에서 앞서 있는 것을 알 수 있다. 하나는, 그것이 실제로 작품이 생성되는 과정을 설명하고 있으며, 그러한 기반하에서 인간 정신과 역

---

209) 《해석학》, 11, 14, 71, 79쪽 이하, 95, 96, 176, 202, 152, 154쪽 참조.

사의 종합적 통찰이 이루어지고 있다는 점이다. 이것은 이미 언급한 바 있다. 단순 대립이 과정의 내적 흐름을, 개별적인 것들의 관계를 제대로 파악할 수 없는 딱딱하게 굳은 개념으로 구분하고 있는 반면, **긍정 대립은 상호 대립적인 것들의 내적 관계와 논리적 형식 안에 극단적으로 놓여 있는 것들 간의 전체 모습을 최상의 형태로 추체험하고 있다**[210]. 하지만 이러한 관계가 해석학 체계에서 더 생생하게 유지되느냐 하는 문제는 해석학에서 그리 중요한 문제가 될 수 없다. 이를 단순한, 논리적 대립의 형식에서 직관한다고 해서 해석학의 요구가 충족될 수 있는 것은 아니다. 자연적이고 인위적인 언어의 비유들, 유기적이고 기계적인 문장의 결합, 주관적이고 객관적인 사고의 흐름, 조형 과정으로서 형식과 형상－그러한 대립 속에서 사고와 언어과정의 다양한 흐름이 서술된다－하지만 그러한 진행이 위에서 언급한 규칙을 따라서 진행되지는 않는가? 우리에게 중요한 것은 이러한 대립의 관계를 그 고유한 근거에서 이해하는 것이 아닌가? 그것을 내적 법칙이나 정신의 일반적, 내적 방법으로 환원시키는 일이 중요한 것이 아닌가? 바로 이것, 획일적이고, 빈약한 대립의 도식을 통

210) 《해석학》, 245쪽 참조.

하여 설명되어야 할 것은, 정신적 흐름의 이러한 다양한 형식의 내적 관계이다. 우리와 관련이 있는 것은 바로 정신 과정의 특수한 방식으로부터 그것을 실제로 설명하는 일이다.

궁정적 대립의 이중 삼각도가 취하는 입장, 그것이 바로 우리가 실제적 설명 근거로 충족되었다고 보고자 하는 것이다. 이러한 현상으로부터 정신적 삶 자체의 내적 법칙을 파악하는 일이 결코 사소한 일로 간주되지 않기를 바란다. 하지만 적어도 우리는 방법을 의식하고 있어야 하며, 자의적 도식주의를 통하여 성급히 학문적 충족을 약속하는 그럴듯한 해결책이 연구 과정을 지탱하게 해서는 안 된다.

6) 슐라이어마허의 규칙 요소와 그것과의 관계에서의 서술 요소. 기술적이고 비판적인 학문

슐라이어마허에 있어서 두 요소, 즉 규칙 부여적 요소와 서술하는 요소 사이에는 어떤 관련성이 있는가? 고유한 체계에 따르면 여기서 중요한 것은 **윤리학과 인접한 학문의 범주에서 해석학의 위치**이다. 왜냐하면 윤리학의 네 가지 중요한 영역은, 역사학의 부적절한 영역과 충돌하는 곳에서, 이중적인 학문, 즉 "직관적"이고 "경험적"인 영역에 둘러싸여 있다. 그 하나는, **비판적**인 것으로, 개별 과학을 철학적으로 다루는 것과 관련이 있다. 그것이 철학적 문법이다. 다른 하나는 **기술적**인 방법이다. 그는 서술하기를, "그러한 영역 안으로 행위하면서 들어가기 위하여 그 방법은 비교 관찰을 통하여 어떤 정황이나 조건하에서 반박이 가장 경미하거나 안전하게 제기되는지를 찾아낸다[211]." 그러한 종류의 하나로 그에게 이제 수사학 이외에 해석학이 등장한다.

우리는 여기서 처음에는 수사학이었던 것이 나중에는 볼프의 선호에 따라 문법으로 부르게 된 학문이 윤리학에서는 다시 **교수법과 문법**으로 나누어지는 것처럼 이들 학문의 해석학에 대한 관계가 체계상이 변형으로 인해 낡은 것으로 보이는 혼란에 직면하지 않길 바란다. 그것은 철학이 쪼개져 마치 주인 없는 영역과도 같은 지식의 영역으로 처치한 자의적 구성의 필연적 결과이다. 여기서 두 가지 사항이 언급되어야 한다. 하나는 비판적 방법과 기술적 방법의 구분에 문제가 있다는 것이다. 그 구분이 슐라이어마허 자체의 **미학**에서는 지양되고 있고, 해석학 자체에서조차 산출 과정을 기술하는 내용과 규칙을 부여하는

211) 《윤리학》 ʃ 109, 69쪽.

내용을 비교하고 있다는 점을 보면 알 수 있다. 여기서는 결국 비판적 방법과 기술적 방법의 결합만이 문제가 된다. 하지만 해석학과 문법 혹은 수사학의 관계는, 슐라이어마허가 설정한 바와 같이, 실행 불가능한 것처럼 보인다. 왜냐하면 구성 등에 대한 학설이 문법에 속하지 않을 뿐만 아니라 그 안에서 전혀 취급조차 되지 않고 있기 때문이다. 구성에 대한 접근을 하지 않고 문법에 속하는 양식에 대해서는 정연하게 이야기할 수 없다는 논증은 자칫 우리가 두 가지 측면, 즉 문법적 관점과 작품 전체의 내적 형식의 관점에서 그 양식에 도달할 수 있다는 점을 잘못 인식하게 할 수도 있다. 이것으로부터 오랜 수사학의 내용을 앞서 언급한 내적 형식의 사고를 학문적으로 기술하기 위하여 해석학에 위임하고, 그러한 사고가 언어 특성의 영향을 받는 한 문법을 양식의 관찰에 한정시키는 것이 좋을지도 모른다. 훔볼트는 이 점을 탁월하게 제시한 바 있다[212]. 이러한 학문의 역사가 어쩌면 그러한 결과를 가져올지도 모른다. 왜냐하면 백과사전식 구성에 대한 관심의 시대는 이미 지나가 버렸기 때문이다.

---

212) 빌헬름 폰 훔볼트, 《인간 언어 구성의 다양성에 관하여》, ∫ 19와 ∫ 20.

4. *일반*[213] 해석학의 분류

1) 슐라이어마허 해석학의 고유한 의미와 관련된 이제까지의 결과에 대한 개관

성서 해석적 기술 방법을 모방한 규칙 형성이 어떻게 해석의 전제에 대한 의식적인 파악, 즉 해석의 기저에 깔려 있는 정신과 역사에 대한 직관을 통하여 슐라이어마허에 있어서 물리적 원리의 파악에까지 이르게 되었는지에 관해서 이제까지 서술하였다.

이러한 물리적 원리는 설명하자면 **의식적, 학문적으로 파악된 성서 해석적 기술의 전제**와 다를 바가 없다. 이러한 전제를 원리의 통일성 안에서 파악할 수 있는 것은 **해석학이 철학과 철학적 역사 연구에 대한 학문적으로 파악된 관계 속으로 들어갈 때 가능하다.** 이로부터 **해석학의 기술적 부분이 규칙 형성에 비해 과도한 비중을 차지한다**는 결과가 나온다. 그리고 물리적 원리에서 발전된 기술적 부분은 응용 학문과의 연관 속에서 해석학의 형식과 방법을 규정함으로써 해석학은 처음으로 엄밀한 의미에서

213) 딜타이의 목차 참조.

학문이 된다. 이제까지 우리가 살펴본 바와 같이, 모든 논쟁의 여지가 있는, 학문적으로 지지하기 힘든 이러한 해석학의 요소들을 완전히 제거한 슐라이어마허 해석학의 일반 학문적 의미가 구 해석학과의 관련 속에서 우리에게 드러난다.

이러한 생각과 함께 지대한 의미를 지닌, 슐라이어마허 철학 전체와 관련되며 오직 그곳으로부터 종국적 판단이 가능한 일련의 사고가 결부되어 있었다. 그러한 사고는 다시금 체계전체에 지대한 영향을 끼쳤다. 이것은 바로 **추후 구성 원리의 형식적 파악, 윤리학과 변증법의 관계, 비판적 학문과 기술적 학문의 관계, 앞서 전개한 규칙 형성을 통한 전체의 세분화의 선호, 마지막으로 사물 속의 실질적 힘으로서 대립을 보는 분류의 방법** 등과 같은 내용들이다.

이러한 기본적 사고로부터 해석학의 다음 단계를 평가할 수 있을 것이다. 이 중에서도 가장 중요한 것은 물리적 원리의 첫 번째 분류이다.

2) 이전 시대의 해석학의 배열

슐라이어마허는 어떤 분류 방식을 선호하였는가? 그것이 아무리 논리적으로 전개된 것이라 하더라도, **플라시우**

스의 체계 안에서는 어느 누구도 제대로 방향을 잡을 수 없을 것이다. 왜냐하면 여기서는 가능한 모든 특징에 따라 분류를 하고, 최후에 체계적 배열도 없이 여러 가지 개별 규칙들만이 혼재되어 있기 때문이다. 간략한 해석학 규칙 설정[214]을 하기 위하여 이중으로 겹치는 문장이 나타나고 있어, 결국 세 영역에서 하나의 동일한 규칙이 등장할 정도이다. 왜냐하면 가장 좁은 범주 자체에서는 문서와 주체로부터 획득한 규칙들로 나누는 것은 적어도 올바른 사고를 그릇되게, 외적으로 전환시키는 것이기 때문이다. 하지만 더 큰 범주에 속하는 다른 요소들은[215] 처음에는 올바른 위치를 차지하고[216], 유지하다가 점차 해석학적 조작과 더불어 전혀 생소한 요소로 전락하게 된다. 그리고 여기서 정연한 도식을 담은 그림책과 함께 그 당시 신학의 세 가지 방법이 전개되고 있다[217].

---

214) 이러한 규칙설정은 세 번째 주요 관점 안에 들어 있다. 플라시우스, 《*성서의 인식론적 근원*》 II, 7쪽.

215) 플라시우스, 《성서의 인식론적 근원》 II, 1~228쪽: 성서를 인식하는 이성에 대하여.

216) 플라시우스, 《성서의 인식론적 근원》 II, 26쪽 이하 참조: 단어, 구, 문장에서의 어려움 또는 연설의 모든 태도에 대하여. 38쪽 이하 참조: 논쟁의 화해에 대하여. 44쪽: 말과 음성에 대하여, 인간의 자연적 재능과 장소적 친화성에 대하여.

프란츠(Franz)는 단순화를 통하여 이러한 무형식성을 깨고자 하였으나, 그의 단순화는 물론 실패로 끝나고 말았다. 왜냐하면 두 번째 규칙에서[218] 복잡다기한 조작들, 가령 역사적 해석, 목적, 연관 등이 정돈되지 않은 혼돈 속에 유지되고 있기 때문이다. **바움가르텐**(Baumgarten)은 정돈된 사고로 우선 낯선 소재의 대부분을 따로 분리하였다[219]. 결과들과 적용 가능성은 물론 유지하도록 하였다. 그런 후에 그는, 특히 "역사적 정황으로부터 해석해야 할 문서의 부분들"[220]과 같이 이전에 언급만 하였던 해석학적 조작들을 상당한 수준으로 완성하여, 그 순서가 전혀 새롭게 선을 보일 수 있게 되었다[221]. 여기서 **카일**의 기획

---

217) 플라시우스, 《성서의 인식론적 근원》 III, 53쪽: 성서의 다양한 구분에 대하여.

218) *플라시우스, 《성서의 인식론적 근원》 II, 59~124쪽: 성서 해석에 대하여. 성서이해를 위한 두 번째 규칙.*

219) "이러한 유형의 많은 교재 안에 등장하는 상이한 저술들은 신학의 다른 학문 분야에 속한다."… 성서의 가르침은 교리학으로, 다른 유형의 표상들은 이성학으로… *바움가르텐, 《성서 해석학》, 16쪽.*

220) 바움가르텐, 《성서 해석학》, 3부, 134쪽 이하 .

221) 성서 이해에 관하여, 단어와 화법의 의미에 관하여, 역사적 정황에 관하여, 해석할 문서의 연관과 분류에 관하여, 해석학 문서의 목적에 관하여, 문서에 포함된 진리의 설명에 관하여(교리 해석, 미적 해석

과의 유사성이 드러난다. 카일은 우선 우리가 앞서 규칙 형성의 본질 속에 들어 있다고 보았던 질서를 분류 안에서 마련하였다. 그것은 해석상 서로 작용하는 단순한 조작들의 전체 질서를 말한다. 그 안에 바로 바움가르텐과 비교해 보았을 때 그의 진전이 놓여 있다. 그의 분석적 방법은 내용의 분류를 통하여 단순히 점차 앞으로 나아가는 조작의 분류에서 얻을 수 있는 것과 같은 하위 체계에 이르고 있다[222]. 물론 그 분류 자체가 불완전하기는 하지만, 이러한 진전을 계승한 것은 **에르네스티**이다. 왜냐하면 에르네스티의 분류 방식은 다시 **글라시우스**의 불완전한 형식에 근접하고 있기 때문이다. **에르네스티와 글라시우스의 관계는 카일과 바움가르텐의 관계**에 견줄 만하다[223].

등).

222) 아우구스트 뇌젤트(Noeselt)는 철학 해석학이라는 제목으로 유사한 분류를 하였다. 《예비 신학자 양성을 위한 지침》 I(1786), ∫ 77 이하.

223)

글라시우스 항목 Ⅱ(Glassius lib. Ⅱ)		에르네스티(Ernesti)
Ⅰ. De scripturae sensu dignoscendo	–	de interpretatione universa
글의 의미를 분별하는 일에 대하여		보편적 해석에 대하여
1. de scripturae sensu in genere	–	
글의 의미 일반에 대하여		
2. in specie de sensu literali	–	de sensu verborum

특히 서적의 의미에 대하여		단어들의 의미에 대하여
3. de sensu mystico in genere 신비적 의미 일반에 대하여		de verborum generibus et vario usu (Tropen, Allegorien) 단어의 일반적이고 다양한 용법에 대하여 (위상, 은유)
4. de allegoriis 은유에 대하여		
5.de typis 유형에 대하여		
6. de parabolis 비교에 관하여		
II. de scripturae sensu eruendo 글의 의미를 숙고하는 일에 대하여	–	sectio praeceptiva de sensu recte quaerendo 정확한 의미를 찾기 위한 분할의 방법
1. de primo interpretationis medio quod est loquelae et literaturae sanctaeconsideratio 최초의 중간적 해석에 대하여. 무엇이 말과 글에 대한 건전한 해석인가?	–	de usu loquendi reperiendo 말하면서 찾아내는 용법에 대하여
2. de altero medio, quod est retum ipsarum et contextuum consideratio 다른 중간적 해석에 대하여. 무엇이 사물들에 대한 자체적 또는 맥락적인 숙고인가?	–	de sensus reperiendi rationibus usus subsidiariis 의미를 찾아내는 이성에 대하여. 부차적 용법

글라시우스가 했던 II번 항목의 분류에 대한 내용과 사실 설명을 나중에 프란츠가 받아들였고, 이 분류가 에르네스티로 넘어가게 되었다. 에르네스티의 이 다음 내용은 글라시우스 경우 수사학에 배치되어 있다.

3) 슐라이어마허의 분류 근거: 구성과 추후 구성의 연관에서 본 고유한 것과 동일한 것의 이중적 대립

슐라이어마허의 분류는 이전의 분류 방식과 본질적으로 구별될 수밖에 없었다. 보조 수단의 다양성은 물론 조작 방법의 다양성도 그에게 분류 근거를 제시할 수는 없었다. 그의 물리적 원리가 윤리학으로부터의 분리에 근거를 두고 있는 것처럼, 그의 분류 근거의 원리는 대립(고유한 것과 동일한 것) 안에 있는 해석학 고유의 관계를 지향함으로써 해석학 안으로 들어와 지속적으로 발전할 수 있었다.

물론 해석이 하나의 종합적 행위이기 때문에 이중적 대립 속에서 그 분류 근거를 찾을 수 있다. 고유한 것과 동일한 것의 균형으로서 추후 구성은 물론 이러한 대립의 혼합, 그 안에서 **동일한 것이 우세하거나** 그 반대의 경우일 수도 있다.

동일한 것이 우세한 영역은 윤리학에 따르면 언어이다. 성서 해석 방법의 한 측면은 언어 전체와 관련지어 하느님의 말씀을 파악하는 것이다. 다른 하나는 추후 구성에서 **고유한 것이 우세**하게 나타나는 혼합된 형태가 존재할 수 있다. 이것은 종합적 행위 속에서 나타난다. 여기서 중요한 것은 어떻게 저자의 고유성으로부터 작품이 생성되었는가 하는 문제이다. 이러한 설명을 그는 심리학적이라고 명명하고 있다. 언어 전체와 원저자의 종합적 사고는 물론 양자가 포괄된 통일성을 이룬다. 이러한 통일성으로부터 개별 저작이 설명된다. 이 중에서 전자는 결코 간과되어서는 안 되는 것이다. 왜냐하면 슐라이어마허는, 그가 윤리학에서 그랬던 것처럼, 국가들의 종합적 체계를 철학적 탐구 대상으로 삼는 그런 학문을 당장에는 한갓 아름다운 꿈으로 보고 있기 때문이다. 이와는 달리 후자는 "저자의 발달과 지속적 성장을 규정하는 전체적 환경"으로 환원될 수 있다. "그러므로 화자는 국적과 시대를 통하여 이해될 수 있다[224]." 후자는 저자의 전체를 설명해 주며, 점차 완전한 사고를 통하여 다른 요소를 대체할 수도 있다.

완성이란 관점에서 볼 때 언어는 원래의 개별 요소로 완전히 추후 구성될 수 있을지 모른다. 언어로부터 개별적인 것이, 개별적인 것으로부터 언어가 이해된다. 작품의 구성 자체가 언어로부터 하나의 통일성을 이루고 있는

224) 《해석학》, 13쪽.

것과 같이, 추후 구성의 이러한 해석학적 재능은 통일적이다. 하지만 해석은 두 가지 소질, 즉 언어적 소양과 인간에 대한 지식에 바탕을 두고 있다.[225]

4) 해석 과정과 관련된 대립

대상과 관련지어 볼 때 해석이 하나의 이중적 과업인 것처럼 두 가지로 가능한 방법과 관련해서도 마찬가지다. 윤리학으로부터 개인적인 것이 직관을 통하여 파악된다는 사실이 널리 알려져 있다. 직관은 물론 모든 해석에서 우선적으로 작용한다. 그것은 저자의 개인적인 조합 양식을 추측하는 것이다. 이러한 맥락에서 그는 예언적이라는 말을 즐겨 사용하였다. 예언적으로 직관을 통하여 가장 직접직으로 저자의 입장과 위치를 바꾸어볼 수 있다[226]. 타인을 수용하려는 본래적 방향과 함께 고유한 산출을 위한 내적 운동성에 근거하여 직관은 저자를 창조적 행위를 통하여 파악한다. 수용 가능성으로 생각해 볼 때 그러한 행위를 통하여 작품이 생성된다[227]. 슐라이어마허는 이

225) 《해석학》, 16쪽 이하 참조.

226) 《슐라이마허전집》 III 3, 354쪽 참조.

227) 《슐라이마허전집》 III 3, 362쪽 이하 참조.

러한 문헌학적 정신의 방향을 조종하는 데 지치지 않는 열정을 보였다. **오트프리트 뮐러(Otfried Mueller)**[228]는 이것을 칭하여 동질성(Kongenialitaet)이라고 불렀다. 그와는 대조적인 것으로 비교 방법을 들 수 있는데, 그것은 아직 알려지지 않은 부분을 이미 잘 알려진 부분과 비교를 통하여 오히려 외부로부터 파악하는 방법이다. 왜냐하면 개별적인 것을 파악하기 위해서는 직관 이외에 이러한 비교 방법을 필요로 한다. "고유성이라는 성격에서 보면 통용되는 것은 오직 사람을 위해 산출된 것이므로, 아직 알려지지 않은 부분은, 인식의 고유성이 하나의 체계를 이루고 있는 한에서, 우선적으로 이성에서 산출된 것으로 간주될 수 있다(…). 고유성은 물론 다른 모든 것들의 전제 조건에 바탕을 두고 있다[229]." 그 방법이 언어를 지향하고 있는 한 비교적이다. "왜냐하면 모든 문법적 어려움은 비교 방법으로 극복될 수 있다. 우리는 항상 이미 이해하여 알고 있는 내용을 아직 이해하지 못하는 부분 가까이로 가져가 점점 더 좁은 한계 내에서 이해하지 못한 부분을 포

---

228) 카를 오트프리트 뮐러(Karl **Otfried Mueller,** 1797~1840): 고대 연구가이자 괴팅겐 대학 교수.

229) 《윤리학》 ∫ 253.

섭할 수 있기 때문이다.[230]"

5) 대립들의 엇갈림

이러한 대립은 서로 밀접하게 관련되어 있지만 서로 겹치지는 않는다는 점을 알 수 있다. 왜냐하면 모든 문법적 해석에는 그 부분에 대한 예언적 기술을 필요로 한다. "뛰어난 작가는 전환, 종합을 언어 속에서 분명하게 드러내준다[231]." 그와는 반대로 이러한 대립은 해석 작업에서 작용하는 다양한 재능이 그곳으로부터 등장하는 엇갈림을 견디게 해준다. 그 재능이란 확산적이고 집중적인 언어 능력과 그러한 대립 안에서의 개별 인간에 대한 지식을 말한다.[232]

6) 이러한 구성의 연기

유고집에서 출판된 해석학은 이제 방금 서술한 엇갈림에 대한 또 하나의 전환을 강조하고 있으며, 이로써 독자

230) 《슐라이마허전집》 III 3, 361쪽 이하.

231) 《슐라이마허전집》 III 3, 362쪽.

232) 《해석학》, 17쪽 이하 참조.

를 그릇된 길로 인도하는 것처럼 보인다.[233] 그것은 미래 예언적 방법으로서 이전의 예언적 방법과는 약간 벗어난 방법에 근거를 두고 있다. 하지만 이러한 입장은 최상의 것도 그릇된 길로 떨어질 수 있는 일회적 시도의 흔적을 강하게 지니고 있다. 왜냐하면 "*주관적-예언적*"[234]이라는 의미는 "담화 속에 포함된 사상이 화자 내부에 멀리 그리고 그에게 지속적인 영향을 미치게 될 것을 미리 안다"[235]고 할 때, 이러한 성서 해석 작업은 개별성의 직관을 열성적으로 지지한 사람들에게는 하찮은 기술 정도로 보일 수 있기 때문이다. 이러한 교차 형식이 그러한 내용에 대해서 가장 자세하게 언급된 강의나 저술에서 완전히 사라진다는 점과 실제로 양자의 입장들이 병립할 수 없다는 점을 감안해 볼 때 우리가 여기서 단 한 번 시도했던, 이전에 결코 다른 구성과 나란히 세우거나 더 강조되지 않았던[236] 파격적인 구성과 관련을 맺고 있다는 점이 매우 명백해진다.

---

233) 《해석학》, 31쪽 이하 참조.

234) 원래는 dieser Gegensatz(이러한 대립)이었음.

235) 《해석학》, 32쪽.

236) 원래는 vor ihnen이 아니라 vor ihr이었음.

7) 고유한 것과 이러한 구성들의 새로움의 최후 근거

우리는 이제 대립의 형식에서 발생하는 이러한 대립의 숙련, 가령 어떻게 대립 중에 있는 대상이 고전적으로 혹은 정통적으로 보이느냐, 그것이 통일되어 탁월하게 보이느냐는 문제[237], 그리고 또 어떻게 해석자와 관련하여 사소한 것과 애매모호한 것의 대립이 유명한 괴테의 도식에 따라 가장 극단적으로 나타나는지에 관해서는[238] 자세히 다루지 않을 것이다. 왜냐하면 후자의 대립이 아무리 많은 정신적 적용 가능성을 보여준다고 할지라도, 해석학의 본래적 의미를 설명하기 위해서는 전자의 두 대립이 더 중요하다. 이것에 관해서는 이미 그것이 고유한 것과 동일한 것 사이의 윤리학의 두 긍정적 대립의 결과였다는 점을 입증한 바 있다. 이것이야말로 해석학적 체계의 기초이다. 문제는 바로 이것이다. 이러한 대립 하에서 문학적 산출의 직관과 이전의 체계 하에서의 그것이 어떤 관계에 있는가?

우리는 여기서 슐라이어마허 해석학의 고유한 공헌을

237) 《해석학》, 18쪽 참조.

238) 《슐라이마허전집》 III 3, 376쪽 참조.

기리기 위한 중요한 지점에 서게 되었다. 이제까지 설명했던 내용, 즉 철학적 역사학과 해석학 사이의 관계 설정, 그것으로부터 성립된 물리적 원리에 기초한 해석학의 정초, 나아가 아직 불완전한 형식의 분류 체계이긴 하지만 작품이 생성되는 과정 자체에 대한 설명 그리고 규칙 형식에 대한 기술적 형식의 우위에 이르기까지의 내용이 주로 형식적이었다면, 여기서는 기술과 비교의 이전 주요 관점들이 지속적으로 발전되어 이제 구성이 형성된 윤리학의 이념이 방법적 질문과 섞이지 않고 순수하게 등장하고 있다.

8) 이러한 대립 속에 놓인 기본 관점이 해석학에 주는 의미

우리는 이러한 관점을 역사적으로 가장 중요한 관점으로 생각한다. 이전의 해석학 체계에 대한 슐라이어마허 해석학의 관계는, 그가 보기에, 마지막으로 접근 가능한 최종점에서 파악되고 있다. 실제 과정의 설명으로서 분류 방법과 관련지어서 뿐만 아니라 체계의 물리적 기초와 관련지어서도 마찬가지로 위대한 진전은 이전 체계와의 날카로운 대립과 밀접한 연관이 있는 것처럼 보인다. 그 날카로움은 대립의 결과에 대하여 다시금 문제를 제기한다. 슐라이어마허가 경험주의와 이전 학문의 무연관성에 대한 날카로운 대립을 통하여 분류 방법에 있어서 셸링 및 헤겔과 서로 만나고 있듯이, 그는 여기서 정신적 삶의 기계적 취급과 내면성을 외부에서 쳐들어오는 감각들의 집합체로 파악하여 그가 극단적으로 칭했던 정신의 "자살"[239]에 대한 힘찬 거부를 통하여 또 다른 계열의 정신적 동지인 훔볼트를 만나게 된다. 그는 개별성으로의 심화를 모든 역사적 삶의 가장 깊숙한 지점으로 파악하고 있다. 그에게나 훔볼트에게 있어서나 원래 역사에서 특수성을 창출하는 두 개의 힘이 있다[240]. 하나는 국적이고, 다른 하나는 고유성이다. 개인에서와 마찬가지로 국적으로부터 상호 연관된 전체 개념이 발전되며, 고유성은 언어가 거쳐 지나가는 개념의 범위를 종합적 행위를 통하여 개별적으로 형성하는 것이다[241].

---

239) 《아테노임》 I 2, 272쪽: "정신적 삶을 기계적으로 취급할 때 내적인 삶은 사라지게 된다. 그러한 취급은 가장 고통스러운 자살과도 같다. 이때 인간은 마치 예술 작품과도 같이 스스로를 바치게 된다…"

240) 빌헬름 폰 훔볼트, 《인간 언어 구성의 다양성에 관하여》, 30쪽 이하.

241) 빌헬름 폰 훔볼트가 *도달할 수 없는 심연으로부터 국가적인 개별성과 개인의 창조력*이 생성되는 이러한 통일성을 신비적 근원에서 찾으려 했던 반면(《인간 언어 구성의 다양성에 관하여》, 23쪽 이하), 《윤리학》에서 슐라이어마허의 변증법 정신은 이러한 산출적 힘과 동일성 및 고유성의 통일성이 나타나는 본질적 형식의 분리를 추구한다.

하지만 두 가지 관점에서 이러한 직관을 넘어서려는 노력을 분명히 볼 수 있다. 하나는 그가 교양 언어의 생성을 통하여 언어 속에서 개별적인 것의 균형을 유지하려는 통찰을 하고 있다는 점이다[242]. 왜냐하면 그것이 비록 그에게는 동일적인 것의 개념으로 포함되지만 여기에는 적어도 포괄적인 통일성의 이념이 공통적인 학문적 운동과 근접해 있기 때문이다. 다른 하나는 그가 저자와 언어를 규정하는 형식의 전개에 대해 생각하고 있다는 점이다. 가장 눈에 띄는 점은 형식의 역사에서 사물의 본질로부터 나오는 국가의 한계를 넘어선 발전으로 그를 이끌었음에 틀림없는 이러한 생각이 어떻게 거의 강조되지 않고, 형식이 개별 언어의 내적 규칙에 얽매이게 되자마자 금세 사라지게 되었는지 하는 것이다. 하지만 다양한 국가들을 통하여 그러한 형식들, 즉 중세의 정신적 유희나 기사적인 서사시를 살펴본 사람이라면, 언어의 본질과 그것과 함께 발달하며, 그것과 밀접하게 결부되어 있는 정신적 삶의 본질로부터 모든 구성 요소들의 형식이 형성된다는 점을 그 어떤 언어관으로도 수정할 수 없다는 것을 알 수 있다[243].

---

242) 《슐라이마허전집》 III 3, 141쪽.

243) 《슐라이마허전집》 III 3, 375쪽 참조.

이 점에서 그러한 결정의 기저에 깔려 있는 대안의 그릇된 입장을 분명하게 하기 위하여 곧바로 그는 다음과 같이 기술하고 있다. "개별적이고 인간적인 것이 가장 널리 통용되는 것이면서도 동시에 가장 후진적인 것이다[244]." 해석학 체계의 결과를 통하여 그것의 일면성을 극복하려는 노력은 상황을 단지 악화시킬 뿐이다.

9) 고유성의 이념과 역사적 발전의 이념

우리는 어떻게 동일한 것과 고유한 것의 도식이 지속적으로 발전하는 사건을 인간 존재의 동시에 작용하는 힘들의 병립으로 전환하는 것에서 생겨나는지를 보아왔다. 역사의 흐름은 도처에 이성과 자연이 동일시되는 도식직 체계로 한데 묶이게 된다. 여기서 우리는 다시 도식적으로 한데 묶은 것처럼 보인 것과 관계를 맺게 된다. 형식의 발달과 종교적 세계관의 이념 발달이 중요한 문제다. 여기서 대안은—동일적 산물이나 개성으로부터의 종합적 형성—전적으로 그릇된 것이다. 매 단계에서 개별자를 위한 모든 과정의 중립적 기초를 형성하는 종합적 요소의 총화가 존재한다. 이러한 요소들로부터 작품이 이해되어야

244) 《슐라이마허전집》 III 3, 375쪽.

한다. 이 요소들에 대한 관계가 그것의 객관적 가치를 규정한다. 왜냐하면 존재하기 위해서가 아니라 행위하기 위해서 인간이 존재한다. 그의 가치를 말해주는 것은 그의 작품이 개별성의 전체에서 어떠한가가 아니라 작품이 영향을 주는 발달의 과정에서 그 작품이 어떠한가에 있다. 그 가치에 대해서 말할 수 있는 것은 그것의 성립에도 통용된다. 왜냐하면 인간은 작품 형성에 영향을 주는 이념을 가지고 있을 뿐만 아니라 이념의 지배를 받기도 한다. 인간의 행위가 움직이는 범위의 입장으로부터 대개 그것을 고유하게 형성하는 동인이 나온다. 여기서부터 아스트의 역사적 해석과 구성의 기초에 좀 더 유리한 빛이 떨어진다. 해석학적 기초 사고를 위해 이제까지 설명된 것으로부터 결론을 도출하려는 일은 불필요한 일인지도 모른다.

5. 일반 해석학의 한계와 특수 해석학에 대한 관계

1) 이전의 해석학 체계들

학문의 한계 설정에 대한 관심은 오직 원리의 표현에 대한 관심일 뿐이다. 그것의 최초 시도로부터 해석학은 플라시우스에 있어서 확실한 인식의 충분한 해석의 단계로까지 해석학을 확장시킬 수 있었다. 그가 관심 있게 다루었던 좁은 의미에서의 해석학을 그는 인간이 전체 소재를 장악하는 실천, 기술로 표현하였다. 이러한 구분이 사라지게 되었고, 점차적으로 해석학으로부터 오직 문법, 비판, 성서 신학 입문으로 나뉘게 되었다. 후자로부터 이전의 해석학 체계는 많은 요소들을 받아들였다. 그 이후 카일의 한계 설정이 두루 수용되었다.

2) 해석 역사의 제외

왜냐하면 슐라이어마허가 소재에 대하여 부여하는 한계 설정을 하나의 진전으로 살펴보는 것은 쉽지 않기 때문이다. 우선 카일은 이미 플라시우스나 에르네스티가 그렇게 강조하였던 해석의 역사를 별로 중요하지 않은 것으로 간주하였다. 슐라이어마허는 해석의 역사를 해석학에서 완전히 제외시켰다. 그가 “문법적 해석과 심리적 해석의 분리만큼 해석 방법상의 다양성을 찾을 수 있는 곳은 없다”[245]라는 문장에 기대고 있는 것은 이 분야에서 낯선 것에 대한 필연적인 방향을 결코 중재할 수 없다는 것을 의미한다. 그가 다루었던 모든 학문들을 통하여 이러한 방향 설정을 시도한 것은 바로 해석사의 제외였다. 그것은 가능한 한 이제까지의 흐름과는 무관하게, 고유한 내면성으로부터 다루고자 하는 학문의 전체를 통찰하려는 기본 설정으로 특징지어진다. 이에 관해서 다른 견해를 가진 사람은 후자가 학문의 역사를 다시 받아들였다고 인정할 것이다. 뤼케(Luecke)[246]와 클라우젠(Clausen)[247]은 물론 이 점에서 많은 공헌을 하였다.

3) 성서 해석 기술 방법의 배제

그런 후 슐라이어마허는 가장 먼저 성서 해석 기술 방법을 배제하였다. 그 발달은, 그가 보기에, 관계의 발생에

245) 《해석학》, 20쪽; 《슐라이마허전집》 III 3, 385쪽 참조.

246) 뤼케, 《신약 성서 해석 개요와 역사》(1817).

247) 클라우젠, 《신약 성서 해석학》(1840). 독일어 번역은 1841년이다.

관한 서술과 누가 어떻게 이해하게 되었는지를 전달해 주는 것에 지나지 않았다. 해석과 이해의 차이는 단지 외적 담화와 내적 담화의 차이와도 같다. 담화와 사고의 관계에 대한 그의 견해로부터 흘러나오는 사물에 대한 통찰. 이러한 통찰을 떠나서 이러한 제약은 그가 해석학에 대하여 다른 관점에서 부여하였던 확산을 기본 전제로 삼고 있다. 왜냐하면 해석이 단지 귀로 들어서 이해될 수 있는 한에서 순간적인 담화를 내포한다면, 무수한 형태의 전달 형식이 존재할 수 있기 때문이다. 그것은 쉽지 않은 사고의 관계가 타인의 담화 안에서 밝혀지는 농담과 같은 가장 순간적인 담화에서부터 그 풍부함이 어느 구성에도 조소를 보내는 우리들의 강력한 주석에 이르기까지 다양하다.

4) 상징적 행위의 모든 윤리적 영역으로 해석 기술을 관련지음으로써 확장

슐라이어마허는 자신의 원칙에 따라 해석학을 이러한 방향으로 확장하는 것에 대해 커다란 가치를 부여하였다. 그의 첫 논문[248]에서부터 일관되게 관철시키고 있는 해석학의 논증 방식은 모두 이러한 기술이 분리된 것이 아니라

248) 《슐라이마허전집》 III 3, 344쪽 이하.

오히려 전체적 삶과 관련되며, 모든 대화에 생생하게 살아 있으며, 이러한 유희적 훈련을 통하여 적지 않게 성장한다는 점이다. 자신의 체계의 내부로부터의 진정한 기초를 검증 대상으로 삼는 대신, 전체가 주어질 수 없는 곳에서 간접적 시도를 하려는 그의 경향에서 그는 마치 유사 증명(Scheinbeweis)으로 그릇 인도되고 있는 것처럼 보인다. 왜냐하면 그와 같은 도상에서 우리는 가장 가벼운 일화의 설명이나 과거의 새로움에 대한 비판적 검증 안에서의 역사적 통찰과 기술 그리고 일반 윤리적 영역으로 모든 학문을 확장시킬 수 있을지도 모르기 때문이다. 여기에 바로 슐라이어마허의 체계의 기초가 자리 잡고 있다. 그것에 따라 개성 기술적, 비판적 학문은 윤리학 영역과 관계를 맺고 있다. 이러한 체계 형식을 비판하는 사람일지라도 개별 학문이 자의적으로 성립된 것이 아니라 **내적 필연성을 지닌 정신의 행위나 방법으로부터 그리고 그러한 지반과의 밀접한 관련 속에서 생긴 것이라는 점**을 인정하게 될 것이다. 이것을 해석학과 관련지어 증명한 것은 슐라이어마허의 공로이다. 하지만 클라데니우스의 심리학적 해석이 그의 해석학 체계 안으로 어떻게 들어왔는지, 그러한 기초가 들어오는 것을 슐라이어마허가 어떻게 막아냈는지는 아직 규명되지 않았다.

5) 일반 해석과 특수 해석의 관계

일반 해석학의 한계와 관련하여 가장 중요한 점은 분명 그것의 특수 해석학에 대한 관계이다. 그리고 여기서 슐라이어마허는 마침내 **역사 해석의 획일화된 방향과 학문의 전체적 연관으로부터 정통적 해석학의 체계를 분리해 내는 것 사이의 화해**를 이루게 되었다. 〈신학연구의 짤막한 설명〉 제137절에서 슐라이어마허는 그 대립을 다음과 같이 요약하고 있다.

1. "신약 성서적 특수 해석학은 오직 교회법의 고유한 관계와 연관을 지어 일반 규칙을 정확하게 규정하는 것으로 구성된다"[249]. 우선 여기엔 다음 문장, 즉 신약 해석학이 일빈 해석학의 규칙을 신약 성서의 특수한 영역에 적용한 것이라는 문장이 전제로 깔려 있다. 그것의 실천에 공헌을 한 것은 그로티우스와 투레틴(Turretin)[250]의 문법-역사적 해석이다. 하지만 해석학의 규칙은 담화의 이해가 문장의 본성에서 생겨나며, 그런 한에서 인간의 삶과 동일한 것이라는 점에서[251] 일반적이다. 다양한 언어 속

249) 짤막한 설명. 《슐라이마허전집》 I 1, ∫ 137.

250) 투레틴, 《성서 해석 방법에 대한 논고》(1728), 제2장.

에서 문장을 다루는 방법과 다양한 장르와 범주 속에서 사고 양식이 다양하기 때문에 일반 해석학의 영역은 제약되어 있다. "물론 일반적인 것의 영역이 그리 크지는 않다. 그러므로 해석학은 항상 특수한 것에서 시작되었고, 그 안에 안주하였다[252]." 적어도 사례로서 특수 해석학에 봉사하지 않는 일반 해석학에 대해서는 생각할 수 없다. 마찬가지로 일반 해석학으로 되돌아가지 않는 특수 해석학도 존재할 수 없다. 여기서부터 해석학의 이중적 형성이 생기게 된다. 일반 해석학은 특수한 것이 오직 필연적인 결론으로 나타나는 것을 강조하든지, 아니면 그와는 반대로 특수한 것이 하나의 연관 속에 조직될 수 있고, 일반 공리로 환원될 수 있을 뿐이다.

6) 슐라이어마허 해석학에서 두 요소들의 관계

이것이 슐라이어마허 해석학 체계에 주는 시사점은 우리가 이 둘을 급에 따라 상하로 나누어야 하며, 두 요소를 동등하게 취급해서는 안 된다는 점이다. 여기서 이러한 해석학이 본질적으로 일반적이며, **특수 해석학은 신학적**

251) 《해석학》, 25쪽 참조.

252) 《해석학》, 26쪽.

적용을 위한 해설과 지침으로 규정되어 있다는 우리의 전제가 입증되고 있다.

그렇다면 신약 성서의 특수 해석학으로의 성립은 어디에 근거를 두고 있는가? 슐라이어마허가 여기서 단지 고유한 언어 영역을 유일한 원인으로 제시한다면[253], 우리는 최우선적으로 그가 어느 정도의 범위에서 언어의 개념을 파악하고 있는지를 분명히 기억해야 할 것이다. 그러고 나서 우리는 슐라이어마허에 있어서 교회법의 고유성을 보여주는 것에 대한 더 정확한 연구로 들어서게 된다.[254]

---

253) 《슐라이마허전집》 III 3, 27~28쪽 참조.

254) 《슐라이마허전집》 III 3, 27쪽 참조.

해설

이 책은 딜타이 《전집(*Gesammelte Schriften*)》 중에서 해석학의 탄생과 관련된 부분을 발췌·번역한 것이다. 각기 다른 세 개의 번역문을 관통하고 있는 핵심적 사유는 어떤 과정을 거쳐 근대에 '보편적 해석학'이 정립될 수 있었느냐 하는 것이다. 이 과정에서 단연 중심인물로 거론되는 사람이 슐라이어마허이다. 딜타이는 그를 독일의 위대한 철학자로 그리고 고전어의 대가로 존경과 흠모를 아끼지 않았다. 해석학의 역사에서 특히 슐라이어마허의 보편적 해석학에 주목하는 이유는 이전의 신학적 해석학이나 문헌학적 해석학과 같은 해석학의 좁은 시야에서 벗어나 좀 더 보편적인 지반에서 해석과 이해의 문제를 볼 수 있게 되었기 때문이다. 근대 이전 필로, 오리게네스, 아우구스티누스, 루터에 이르기까지 성서 해석학의 방법으로 널리 활용되었던 비유적인 해석 방식에 슐라이어마허는 회의를 품게 되었다. 비유적 해석은 텍스트의 본래적 의미 이외에 비본래적 의미를 받아들이는 한계를 노정하고 있는 것이다. 만인을 위해 쓰인 성서를 더 이상 신앙과 은

총이 아니라 문법적이고 심리적으로 해석할 필요성을 절감한 슐라이어마허는 이전의 전통과 동시대인들과의 활발한 지적 교류를 통하여 해석학과 비판의 체계를 수립하게 된다.

슐라이어마허에 의하면 해석은 하나의 구성 과정이다. 구성은 규칙(Regeln)을 잘 적용하는 것일 뿐만 아니라 해석자의 재능(Talent)에도 상당 부분 의존하고 있다. 해석에서 가장 기초가 되는 것은 바로 문법적 해석이다. 이것은 저자의 언어 영역권 안에서 텍스트를 이해해야 한다는 것과 단어의 의미는 전체적인 문맥(Kontext)으로부터 이해되어야 한다는 전제를 배후에 깔고 있다. 텍스트의 해석에서 저자의 의도를 파악하는 일이 또한 중요하다. 심리적 해석은 저자의 기본 생각과 본래 의도에 비추어 텍스트를 살펴보아야 한다는 요청이다. 저자에게서 우리는 자아, 품위, 자율, 자유, 자발성과 같은 심리적인 근원을 발견할 수 있다. 해석자의 예감(Divination)은 해석자가 저자의 근원을 추적하기 위한 방법이다. 해석자는 예감을 토대로 저자의 심리적 상태 파악은 물론 저자의 전체적 저술에 비추어 하나의 작품을 통찰함으로써 이해를 촉진시킬 수 있다. 슐라이어마허의 "저자가 자기 스스로를 이해한 것보다 훨씬 더 잘 이해해야 한다"는 주장은 이러한 근거에서 나온 것으로 볼 수 있다.

슐라이어마허의 해석학에서 한 가지 간과할 수 없는 사실은 비판과 해석이 공속(共屬)한다는 것이다. 해석학이 결국 '오해의 방지'를 지향하고 있는 슐라이어마허의 사고 틀에서 비판은 '기술적인 오류'를 바로잡는 것은 물론 '자의적인 오류'를 교정해 주는 기능을 한다. 저자는 본의 아니게 탈자, 오자를 놓칠 수도 있고, 인쇄공이 글을 인쇄하다 기술적인 잘못을 저지를 수도 있을 것이다. 해석에서 이러한 기술적인 오류를 바로잡지 않으면 안 된다. 더 심각하고도 중요한 문제는 의식적으로 텍스트를 왜곡한 '고의적인 오류'의 경우이다. 정치적 혹은 종교적 이유로 원 저작을 바꾸거나 훼손시킬 수 있다. 좋은 의도가 개입되었던지 나쁜 의도가 개입되었던지 간에 가장 신뢰할 만한 확실한 텍스트를 해석의 대상으로 삼아야 한다는 것이 바로 슐라이어마허의 비판 정신의 요체이다.

슐라이어마허의 보편적 해석학이 탄생하는 과정에서 특히 낭만주의자 아스트와 슐레겔의 연관성을 언급하지 않을 수 없다. 관념주의 철학자 셸링의 제자였던 아스트는 〈문법, 해석학, 비판의 기본 노선〉(1808)을 발표하여, 고대와 역사의 전반에 거쳐 활동하는 정신의 통일성을 '예감(Ahndung)'을 통하여 파악하고자 하였다. 우리는 여기서 슐라이어마허의 '예감(Divination)'과의 유사성을 찾아 볼 수 있다. 아스트는 해석학 혹은 성서 해석학 모두 다 고대의 이해를 전제로 하며, 그 기반 위에서 고대의 문헌들을 설명할 수 있다고 보았다. 모든 개별적인 표현들이 정신의 전체 안에서 파악될 수 있다고 보고 아스트는 슐라이어마허의 해석학은 물론 오늘날 이미 하나의 해석학의 기본 규칙으로 자리를 잡은 해석학적 원리에 관한 자신의 생각을 전개하고 있다. 그에 따르면 모든 이해와 인식의 기본 원리는 개별자로부터 정신의 전체를 발견하는 것이며, 전체를 통하여 개별자를 파악하는 것이다.

슐라이어마허의 절친한 친구이자 함께 플라톤을 독일어로 번역하기도 했던 슐레겔은 해석학보다는 오히려 문헌학에 심취했던 인물이다. 고전 문헌학의 분류 방식에 따라 그는 문헌학을 문법, 비판, 해석학으로 구분하였다. 해석학은 여기서 문헌학의 하위 범주에 속한다는 것을 알 수 있다. 슐레겔은 언어를 다루는 문법이 문헌학의 기초가 되어야 한다고 본다. 해석의 기초로서 언어, 특히 문법의 문제를 거론한 것은 다분히 슐라이어마허의 언어관에 영향을 끼쳤던 것으로 보인다. 이때 비판과 해석학의 관계는 다분히 이율배반적이다. 우리가 텍스트를 제대로 이해하기 위해서는 원 저작에 대한 정밀한 비판을 필요로 하며, 그러한 비판을 가능하게 하기 위해서는 이미 해석학이 필요하기 때문이다. 분명한 점은 슐레겔이 비판과 해석학에서 고대의 역사적 지식을 전제로 하고 있다는 점이다. 낭만주의 전통에 충실하게도 슐레겔은 고전의 전범(Vorbild)에서 교훈을 얻어 해석의 과제가 달성될 수 있다고 보았다. 왜냐하면 고대 그 자체야말로 문헌학적 예술의 보고(Arena)이기 때문이다. 슐레겔은 자신이 직접 해석학의 체계를 위해 저술을 하지 않았지만 문법, 비판, 해석, 역사에 관한 나름의 관점을 제시함으로써 슐라이어마허의 보편적 해석학의 탄생에 적지 않은 기여를 한 것으로 평가해 볼 수 있다.

이제 이러한 선이해를 토대로 번역된 딜타이 작품들을 간략히 개괄해 보자. 우선 딜타이의 〈해석학의 탄생〉(1900)은 '문서로 기록된 유품에 대한 해석의 기술'로서의 해석학의 본질과 슐라이어마허와 같은 초창기 학문적 해석학의 흔적을 자세히 추적함으로써 정신과학의 방법으로서 해석학의 정립 과정을 분명하게 보여주고 있다. 해석학에 대한 나름의 정의를 내린 후 딜타이는 해석학이 하나의 독립된 학문으로 탄생하기까지의 과정을 굵은 선으로 그려내고 있다. 호머 작품의 이해와 해석을 둘러싼 고대 그리스의 문헌학, 소위 알렉산드리아 학파로 정점을 이루었던 문헌 해석과 성서 해석학, 해석학에 규칙을 부여하려는 움직임이 등장하는 르네상스와 계몽주의 시기의 근대 해석학 그리고 이 모든 노력들을 종합하여 해석의 기술로서 학문적 해석학을 정립하였던 슐라이어마허 해석학이 여기서 다루어지고 있는 것이다. 보론에서 딜타이는 이해의 문제를 인식론적 과제로 보고, 해석학과 인접 학문들, 특히 문헌학과 역사학과의 관계를 규명해 나가며, 하나의 기술학(Kunstlehre)으로서 해석학 정립에 관한 나름의 견해를 피력하고 있다.

이어지는 〈해석학 탄생 이후의 슐라이어마허의 해석학〉에서는 피히테의 관념론이 슐라이어마허 해석학에 어떤 전환을 가져다주었는지, 낭만주의의 선두주자인 슐레겔의 재생산에 관한 사고가 해석학적 비판과 문헌 해석학에 어떤 영향을 끼쳤고, 플라톤 번역을 통하여 슐라이어마허와 슐레겔이 공동으로 어떤 성과를 이룩하였으며, 다른 한편 끝내 합의를 이루지 못하고 자신의 고유한 해석학의 길을 걸을 수밖에 없었던 정황이 무엇인지에 관하여 비교적 상세하게 다루고 있다. 그리고 이어 〈이전 해석학 체계와의 관련 속에서 슐라이어마허 해석학의 비교 서술〉에서는 슐라이어마허의 일반 해석학의 정립 과정을 다양한 관점에서 전개하고 있다. 여기서 우리는 그 당시 대두되었던 해석학의 다양한 경향성, 즉 역사 해석학, 심리적 해석학, 문법적 해석학, 수사학적 해석학, 성서 해석학에 맞서 해석학의 고유성과 일반성을 정립하려는 슐라이어마허의 치열한 사유 과정을 추체험해 볼 수 있다. 해석학의 하위 체계와의 조화와 대립의 문제뿐만 아니라 인접 학문인 윤리학, 미학, 변증법과의 관계 속에서 해석학의 위치를 올바로 정립하려는 노력을 함께 볼 수 있다. 원문에서는 일반 해석학에 관한 서술에 이어 여기서는 번역으로 제시하지 않은 특수 해석학의 대표적인 사례로서 성서 해석학에 관한 자세한 논의가 이어진다.

이 책의 저자인 딜타이(Wilhelm Dilthey, 1833~1911)는 1833년 목사의 아들로 비스바덴(Wiesbaden) 주의 소도시 비브리히(Biebrich)에서 태어났다. 딜타이는 아버지의 뜻에 따라 처음에는 신학을 공부하려고 하였으나 나중에 역사와 철학에 더 많은 관심을 갖고 하이델베르크와 베를린 대학에서 뵈크(Boeckh), 랑케(Ranke), 쿠노 피셔(Kuno Fischer)와 트렌델렌부르크(Trendelenburg)에게서 주로 수학하였다. 그 후 〈슐라이어마허의 윤리학에 관한 연구〉로 박사학위 논문을 제출하고, 1864년 〈도덕의식의 분석 시도〉라는 논문으로 교수 자격(Habilitation)을 얻었다.

1866년 스위스 바젤(Basel) 대학에 첫 부임한 후 2년 뒤 킬(Kiel) 대학과 브레슬라우(Breslau) 대학을 거쳐 1882년 헤르만 로체(Lotze)의 후임으로 베를린(Berlin) 대학의 부름을 받아 이곳에서 1905년까지 연구와 강의를 하였다. 1870년 《슐라이어마허의 삶》을 저술하여 정신과학자로서 첫발을 내디딘 후 1883년 《정신과학 입문》을 통하여 그 입지를 더욱 굳혀 나갔다. 정신의 세계를 학문의 탐구 대상으로 하는 정신과학(Geisteswissenschaften)의 체계적 정립은 이후 딜타이 필생의 과업이 된다. 1894년 〈기술 및 분석 심리학에 관한 이념〉에서 자연과학적인 설명 심리학에 맞서 인간의 정신적 삶을 분석할 수 있는 새로운 심리학을 제시하고자 시도하였다. 이러한 딜타이의 심리학적 관점은 후기에 해석학으로 계승 · 발전하게 된다.

1900년 현상학자 에드문트 후설(Husserl)의 《논리연구》가 출간되자 딜타이는 이 작품을 본격적으로 연구하여 정신과학의 기초를 세우려는 작업에 적극 수용하였다. 아울러 헤겔(Hegel)의 역사적 관점에 대한 수용을 통하여 칸트(Kant)의 순수이성 비판을 넘어선 인간, 사회, 역사에 대한 인간 삶의 총체적인 역사이성 비판의 단초를 마련하고자 하였다. 1906년 《체험과 문학》이 출간된 이래 딜타이는 학문적 영역을 넘어 대중적 관심과 주목을 받게 되었다. 1911년 《세계관, 철학과 종교》라는 제목의 모음집 출간을 계기로 딜타이 학파가 결성되었다. 역사학보다는 오히려 철학과 교육학 분야에서 놀(Nohl), 리트(Litt), 슈프랑거(Spranger)와 볼노브(Bollnow)는 해석학을 근간으로 하는 정신과학적 교육학을 꽃피우게 되었다. 딜타이는 그해 루르(Ruhr) 강 주변의 자이스(Seis)라는 소도시에서 사망하였다.

이 책이 고전에서 가지는 위치는 무엇보다도 이해의 학문으로서의 해석학을 체계화한 딜타이의 공에서 찾을 수 있다. 오늘날 정신과학과 해석학은 학문의 보편 언어로서 자리를 잡은 것 같다. 자연과학의 파고가 드높던 시기에 인간, 역사, 사회의 총체적 학문으로서 정신과학을 독립적인 학문으로 정초하려 했던 딜타이의 노력은 과학주의와 실용주의의 가치가 그 어느 시대 못지않게 드높은 작금의 현실에서도 되새겨 볼 만한 충분한 가치가 있다. 정신과학이 인간 삶에 대한 이해를 근간으로 하고 있는 이상 그것이 방법론으로 삼고 있는 해석학에 대한 이해는 필수적이다. 최근 들어 하나의 인문사회 현상에 대한 연구 방법으로서 해석학에 대한 논의는 비교적 활발해진 편이다. 실용주의적 관점에서 그것의 방법적 활용과 실제적 적용은 다양한 학문과 연구 영역에서 적지 않은 성과를 거

두고 있다. 하지만 여전히 해석학의 본질이 무엇이고, 특히 그것이 어떤 맥락에서 탄생하게 되었는지에 관해서는 폭넓게 인식되지 못하고 있다. 이러한 현실에서 본서는 근대 이후 해석학 탄생의 역사와 체계를 소상히 보여준다.

이 책은 딜타이의 《전집(*Gesammelte Schriften*)》 제V권 《삶의 철학 입문(*Einleitung in die Philosophie des Lebens*)》 제1부 〈정신과학의 정초에 관한 논문집(*Abhandlungen der Grundlegung der Geisteswissenschaften*)〉(Stuttgart: B. G. Teubner; Goettingen: Vandenoeck & Ruprecht, 1957; 1961) 중 〈해석학의 탄생(*Die Entstehung der Hermeneutik*)〉(1900)과 마르틴 레데커(Martin Redecker)가 간행한 그의 《전집(*Gesammelte Schriften*)》 제XIV권 《슐라이어마허의 삶(*Leben Schleiermachers*)》 제2부 〈철학과 신학으로서 슐라이어마허의 체계(*Schleiermachers System als Philosophie und Theologie*)〉(Goettingen: Vandenoeck & Ruprecht, 1966) 중 〈일반 해석학(*Allgemeine Hermeneutik*)〉 일부를 번역한 것이다.

전자의 〈해석학의 탄생〉은 하나의 소논문으로서 집필 연도가 1900년으로 밝혀져 있고, 한 편의 논문과 보론으로 구성되어 있다. 이 책에서는 총 20여 페이지에 달하는 원전(317~338)의 내용을 충실하게 담았다. 딜타이 전집 V권이 약 440여 페이지에 달하므로 발췌 비율은 약 5%에 해당됨을 알 수 있다. 이 논문은 원래 저자의 간략한 서문과 함께 시기와 내용을 구분하는 다섯 개의 번호를 지니고 있으며, 보론에서는 로마자로 된 숫자로 세 가지 내용에 대한 추가 설명을 덧붙이고 있다. 보론은 딜타이 수기(手記)로부터 나온 것이며 메모 형식의 미완성 문체가 간간이 등장한다.

후자의 글들은 슐라이어마허의 삶 가운데서 해석학 관련 부분을 발췌·번역한 것으로 일반 해석학이 어떻게 그 시대의 사상 및 사조들과의 조우를 통하여 독립된 체계로 발전할 수 있었는가를 잘 보여준다. 전자와 관련이 있는 후자의 원문은 691~726까지 총 35페이지이며, 해당된 원문을 충실하게 번역하였고 편집자 주 또한 자세하게 번역하였다. 딜타이 전집 XIV권은 유고집으로 제1권과 제2권으로 나뉘어져 있으며 총 881쪽에 달하는 방대한 저술이다. 원전에 대한 번역본의 발췌 비율은 약 4.3%에 달한다. 슐라이어마허의 삶에 관한 전기를 담고 있는 이 전집은 주로 1865년과 1870년 사이 바젤, 브레슬라우, 킬, 베를린 대학의 강연을 위해서 마련된 원고로 보인다.

본문의 제3부는 원래 제1장 원리와 기본 물음, 제2장 문법적 부분, 제3장 심리적 해석으로 나누어져 있으나, 이 중 제1장 가운데 1. 일반 해석학 부분만을 발췌 · 번역한 것이다. 제1장의 다른 부분은 특수 해석학, 특히 신약성서 해석학을 다루고 있으나 번역에서 제외되었다.

옮긴이가 원래 딜타이와 인연을 맺은 것은 독일에서 교육학을 공부하면서 독일의 정통적 교육학인 정신과학적 교육학과 만나게 되면서이다. 현대 독일 교육철학의 원천이 국내에서는 대개 헤르바르트와 그 학파의 연장선상에서 다루어지는 것과는 달리 본고장인 독일에서는 정신과학자인 슐라이어마허와 딜타이 그리고 딜타이 학파에서 그 정통성을 찾고 있는 것을 경험하게 되었다. 하지만 국내에서는 딜타이의 〈철학의 본질〉이라는 논문과 《체험과 문학》이라는 저서가 일부 번역된 정도였고, 소개도 미약한 수준에 머물고 있었다. 최근에 그나마 이한우에 의해서 딜타이 원전의 일부인 《체험 · 표현 · 이해》가 번역 · 출간된 것은 다행스러운 일이 아닐 수 없다. 욕심 같아서는 이 작업을 계기로 딜타이 전집 가운데서 좀 더 중요하다고 판단되는 작품들이 관련 연구자 중심으로 본격적으로 번역되었으면 하는 마음 간절하다. 이 책은 연구 방법론으로서 해석학이 학인들의 넓은 관심을 얻어가고 있는 지금, 해석학의 본질과 그것의 학문으로서 탄생 과정을 소상히 밝히는 일이 나름의 의의를 지닐 것으로 판단되어 전집 가운데 우선 해석학 관련 주요 논문과 글들을 발췌하여 번역하기로 한 결과물이다. 해석학 관련 연구자와 독자들이 이제까지 대개 큰 틀에서 한편으로 성서 해석학, 문예 해석학, 법률 해석학과 같은 실제 해석학의 측면이나 다른 한편으로 슐라이어마허, 딜타이, 하이데거, 가다머, 리쾨르, 하버마스, 베티와 같은 해석학 거장들의 학설을 하나의 숲으로 굵직하게 파악하는 데 익숙했었다면, 이번 딜타이 해석학 관련 번역을 계기로 마치 세세한 나무 하나하나에 주목하듯이 뭔가 구체적인 것을 파악해 볼 것을 감히 권해 본다. 해석학의 탄생과 성립 과정에 대한 독자의 인식 지평이 분명 확장될 것이다.

그리고 딜타이 해석학에 관심을 지닌 독자라면 이미 출간된 딜타이의 《체험 · 표현 · 이해》(책세상, 2002)를 함께 읽어 볼 것을 권한다. 위에 번역된 해석학에 관한 딜타이의 초기 사고가 하나의 완성된 체계를 갖추게 된 것은 바로 딜타이 전집 VII권《정신과학에서 역사적 세계의 구축》 가운데 제3부 제1장의 내용인 "체험 · 표현 · 이해" 안에 고스란히 담겨 있기 때문이다. 여기서 우리는 삶의 표출(외화), 이해의 요소적이고 고차적인 형식들, 객관 정신의 이해, 그리고 이해의 구체적인 방법으로서 역지사지, 모방, 추체험, 해석에 대한 상세한 논의를 접할 수 있다. 특히 해석학의 중요한 대상으로서 인간 삶의 직접적 혹은 간접적 체험을 담고 있는 전기와 자서전에 많은 지면을 할애하고 있는 점에 주목해 볼 필요가 있다.

끝으로 이 책이 나오기까지 관심과 배려를 아끼지 않았던 모든 분들께 감사의 말씀을 드리고 싶다. 독일 정신과학의 전통으로 안내와 지도를 해주신 박사학위 지도교수 마이너트 마이어 교수님과 친절하게도 딜타이 전집을 필자에게 선물로 주신 힐베르트 마이어 교수님, 본문에 등장하는 그리스어와 라틴어 해독에 도움을 주신 함부르크 대학교 정창호 선생님, 그리고 서투른 원고를 읽고 친절한 교정과 자문을 해주신 이정화 선생님 모두에게 진심으로 감사의 말씀을 드린다.

지은이에 대해

빌헬름 딜타이는 1833년 11월 19일 목사의 아들로 비스바덴 주의 소도시 비브리히에서 태어났다. 아버지의 권유에 따라 신학을 택하였으나 칸트, 레싱, 게르비누스의 철학과 역사에 관심을 갖게 되었다. 대학에서는 교회사, 원시 기독교에 대해 관심을 가졌으며 그의 스승인 트렌델렌부르크에게서 플라톤과 아리스토텔레스를, 뵈크에게서는 문헌학을 수강하였다. 신학 분야 국가시험을 수석으로 졸업하였으나 지속적 학문과 생활의 안정을 위하여 김나지움 교사로 진로를 바꾸게 되었다. 1859년 슐라이어마허 재단의 현상 논문에 선정되면서 교사직을 사임하고 본격적으로 해석학과 철학 연구에 몰두하게 된다. 그 후 해석학, 철학, 윤리학에 관한 지속적 연구 결과 1864년 딜타이는 〈슐라이어마허의 윤리학에 관한 연구〉로 박사학위를 취득하였고, 1865년 〈도덕의식의 분석 시도〉라는 연구로 교수 자격을 얻었다.

대학 교수로서 첫발을 내디딘 것은 1866년 스위스 바젤 대학에서였다. 이후 킬 대학과 브레슬라우 대학을 거쳐 1882년 헤르만 로체(Lotze)의 후임으로 베를린 대학에서 교수직을 수행하였다. 1883년《정신과학 입문》을 출간하면서 정신적으로 가장 생산적인 순간을 맞게 된 딜타이는 브레슬라우 시절부터 교제해 오던 요르크 백작(Grafen Yorck)과의 우정을 더욱 돈독히 하게 되었다. 새로운 학문으로서 정신과학을 기획함으로써 딜타이는 역사이성 비판의 학문으로서 철학을 혁신하고자 하였다. 나아가 역사적 세계에 대한 학문들의 이론, 사회적 체계와 그것의 연구에 대한 이론을 총체적으로 정립하고자 하였다. 칸트, 헤겔, 슐라이어마허를 넘어 딜타이는 진정한 계몽이 역사적 이성으로 완성된다는 생각을 품고 있었다.

딜타이가 가장 강조했던 부분은 바로 삶은 그 자체로부터 이해되어야 한다는 것이다. 인간의 삶은 하나의 이해의 대상으로 주어져 있고, 지각 가능하며, 이해될 수 있고, 규정될 수 있다는 것이다. 인간의 삶에 관한 학문으로서 정신과학은 따라서 삶의 자기 이해를 확장하고, 심화하는 것 그 이상도 그 이하도 아니다. 이해와 이해를 토대로 성립된 학문의 원천은 바로 내적 경험이다. 그 경험이란 내 자신의 고유한 삶의 연관에서 나오며, 언어와 전승을 매개로 역사적으로 형성된 그런 경험을 의미한다. 이런 전제하에서 딜타이는 인간의 삶이 전통철학에서 말하는 이성(Vernunft)에 의해서만 활성화되는 것이 아니라는 점을 분명히 하고 있다. 감성, 기분, 정서와 같은 요소들이 오히려 '원하고, 느끼는' 인간 존재의 본질 규명에 더 부합한다는 것이다. 딜타이의 창작 활동이 이성적 학문인 철학에 국한되지 않고, 예술, 시학, 음악에까지 두루 미치고 있는 점은 인간의 삶을 총체적으로 파악해야 한다는 그의 철학적 신념에서 비롯된 것이다. 이런 맥락에서 딜타이의 정신과학이 왜 '삶의 철학'으로 명명되는지를 알 수 있다.

베를린 대학에 정착한 후 딜타이의 삶에서 학자로서의 학문적 강의와 저술 이외에 그다지 특이한 점은 보이지 않는다. 다만 1887년 베를린 학술원 회원으로 임명된 후 칸트 전집의 출간에 공헌을 하였다는 점이 눈에 띈다. 이후 딜타이의 대표적인 저술로는 1906년 《체험과 문학》, 1907년 《철학의 본질》, 1910년 《정신과학에서 정신세계의 구축》 등을 꼽을 수 있다. 딜타이는 1911년 10월 1일 루르 강 인근 남 티롤 지방의 자이스라는 소도시에서 사망하였다.

옮긴이에 대해

손승남은 1963년 전남 화순에서 태어나 1990년 전남대학교 사범대학교 교육학과를 졸업한 후 독일로 건너가 뮌스터대학교에서 주전공으로 교육학을, 부전공으로 철학과 사회학을 공부했다. 교육학의 학문적 근원을 탐구하던 중 정신과학적 교육학의 커다란 흐름과 접하면서 슐라이어마허와 딜타이의 사상에 심취하게 되었다. 특히 정신과학의 정초와 관련된 딜타이의 문제의식은 교육의 실증주의화에 대한 반성과 비판의 계기를 주었다. 인간 삶의 문제를 다루는 학문, 즉 정신과학이 단순히 계량적 방법에 의하여 '설명'되어서는 안 되며 '이해'되어야 한다는 딜타이의 명제는 적지 않은 공명을 남겼다.

정신과학의 방법론으로서의 해석학에 대한 관심을 갖게 된 계기도 바로 여기서 찾을 수 있다. 이후 슐라이어마허, 딜타이, 하이데거, 가다머, 하버마스를 축으로 삼아 해석학의 흐름에 대한 이해 지평을 꾸준히 넓혀 왔다. 필자의 주 전공이 교육철학인 탓에 철학적 해석학과 교육의 관련성에 초점을 두고 이제까지 연구를 진행해 온 편이다.

독일에서 단행본으로 출간된 박사 학위 논문 〈빌헬름 딜타이-교육학적 전기 연구〉(1997)에서는 해석학의 방법의 하나로 전기와 자서전에 초점을 두고 딜타이를 새롭게 조명하고 있다. 논문 〈딜타이의 슐라이어마허의 삶에 관한 연구〉(1997)에서는 해석학적 전기 연구의 사례를 생생하게 보여 주고 있다. 주저 《교육해석학》(2004)에서는 해석학과 교육에 대한 관계를 체계적으로 서술하기 위하여 딜타이와 가다머의 해석학을 집중 조명하는 것은 물론 해석학의 발전된 형태인 전기 연구와 자서전 연구에 대해서 소개하고 있다. 아울러 해석학의 실제 적용이라는 관점에서 교육적 인간상으로서의 '신지식인' 문제, 미래의 교육 내용으로서 '시대적 핵심 문제' 등에 관한 해석학적 접근을 시도하고 있다. 가다머 최후의 교육 관련 강연집인 《Erziehung ist sich erziehen》(2000)을 우리말로 번역하여 《교육은 자기 교육이다》(2004)로 펴내기도 했다. 그동안 지식을만드는지식에서 《해석학의 탄생》(2008)과 《딜타이 교육학 선집》(2008)을 번역·출간했고, 최근에는 《뉴노멀 시대의 마음공부》(2021)와 《교양교육의 개혁과 전망》(2022) 등을 출간했다.

원서발췌 해석학의 탄생

지은이 빌헬름 딜타이
옮긴이 손승남
펴낸이 박영률

초판 1쇄 펴낸날 2011년 10월 31일
개정1판 1쇄 펴낸날 2025년 11월 20일

지식을만드는지식
출판등록 제313-2007-000166호(2007년 8월 17일)
02880 서울시 성북구 성북로 5-11
전화 (02) 7474 001, 팩스 (02) 736 5047
commbooks@commbooks.com
www.commbooks.com

ISBN 979-11-430-1487-0 03160

책값은 뒤표지에 있습니다.